북한과의 충돌을 예견한다

북한과의 충돌을 예견한다

오오카와 류우호오 지음

가림출판사

2012년 말의 탄도 미사일 실험에 이어 북한은 세 번째 지하 핵실험을 강행했다. 이것으로 명실공히 핵보유국이 되었다고 간주할 수 있다. 한국에서도 자국의 미사일 발사 실험 영상을 방영하여 대항할 수 있는 상황을 보여주거나 '핵개발을 해야 한다'라는 의견이 나오고 있다.

　　정보력이 뒤떨어진 일본의 주간지들은 중국군이 일본을 공격하거나 도쿄를 공습한다는 등의 내용을 특집으로 다루고 있지만 그런 것은 내가 작년에 제작 총지휘한 영화 <파이널 저지먼트>와 <신비의 법>에서 경고한 상태다. 언론의 정보력이 너무 늦다는 생각이 든다. 북한의 탄도 미사일 발사와 핵실험을 보면 '행복실현당'이 작년 여름부터 일본의 원전 반대 운동에 대해 '망국의 평화운동'이라고 해서 단호히 허용하지 않았던 이유를 알 것이다. 현재 정치 · 외교 · 군사 모든 면에서 뒤처진 일본이 본서를 통해 조금이라도 현실에 눈떠주기를 기대한다.

2013년 2월 15일

행복의 과학 그룹 창시자 겸 총재

오오카와 류우호오(大川隆法)

제 2 부 김일성을 영적으로 조사한다

'영언(靈言) 현상'이란 저 세상에 있는 영존재의 말을 대신해서 말하는 현상이다. 이것은 고도의 깨달음을 얻은 자에게 특별히 나타나는 것으로, '영매현상(트랜스 상태가 되어 의식을 잃고 영이 일방적으로 말하는 현상)'과는 다르다. 외국인의 영(靈)이 영언할 경우에는 영언현상을 행하는 자의 언어중추에서 필요한 말을 골라내어 일본어로 이야기하는 것도 가능하다.

한편 영언은 어디까지나 영인(靈人 : 영적 세계에 있는 존재)의 의견이며, 행복의 과학 그룹으로서의 견해와 모순된 내용을 포함하는 경우가 있다는 점을 밝혀 두고자 한다.

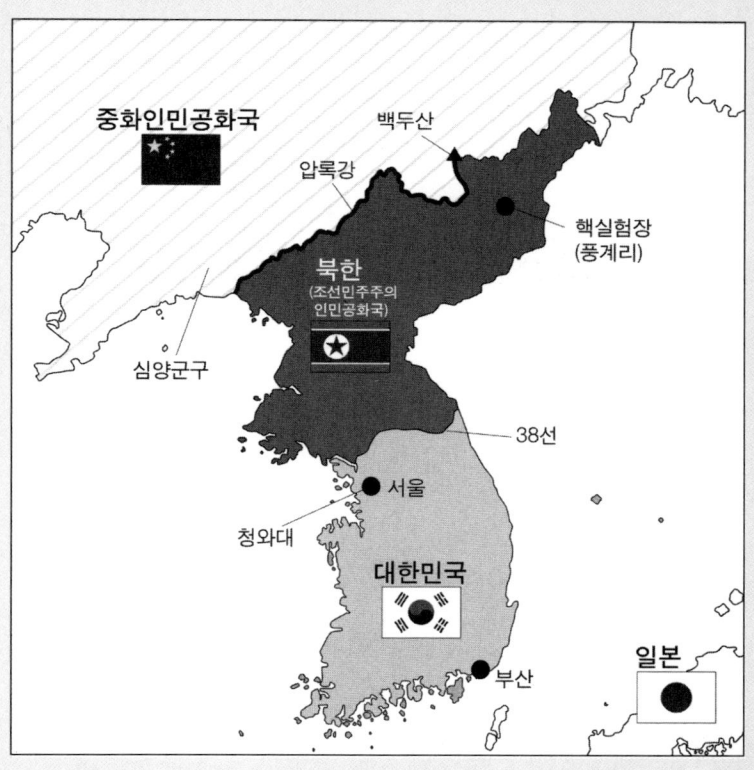

제 **1** 부

북한의 운명을 리딩한다

- 에드거 케이시와의 대화 -

2013년 2월 14일 수록
일본 도쿄 행복의 과학 종합본부에서

에드거 케이시(1877~1945년)

미국의 예언자, 심령치료가, 잠자는 예언자, 20세기 최대의 기적인 사람 등으로 말해진다. 최면상태에서 병의 치료법과 인생상담 등에 대해 수많은 '리딩(영적 조사)'을 행하였다. 에드거 케이시의 혼의 본체(本體)는 의료계 영단의 대표인 사리엘(7대 천사 중의 한 명)이며, 혼의 형제가 구약의 예언자 '이사야'로도 태어났다(≪영원의 법≫ ≪에드거 케이시의 미래 리딩≫ : 행복의 과학 출판 간행 참조).

질 ■ 문 ■ 자

아야오리 지로 (綾織次郎, 행복의 과학 이사 겸 <더 리버티> 편집장)

야나이 힛쇼 (矢內筆勝, 행복실현당 당수)

※ 수록 시점의 지위임

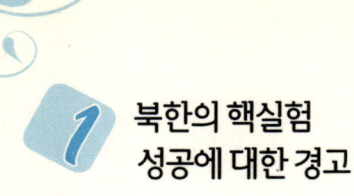

북한의 핵실험 성공에 대한 경고

핵보유국이 되어 위험성이 더 한층 높아진 북한

오오카와 류우호오

오늘은 조금 어려운 테마입니다.

최근(2013년 2월 12일) 북한에서 세 번째 지하 핵실험이 행하여져 성공한 것 같습니다. 그리고 '이번에는 핵폭탄을 소형화(小型化)하는데 성공한 것이 아닌가?'라고도 전해지고 있습니다.

통상 '세 번 핵실험에 성공하면 핵무기를 실용화할 수 있다'고 말해집니다만, 세 번째 실험이 성공하였으므로 북한은 사실상 핵보유국이 되었습니다.

또 '핵폭탄의 소형화 성공'이라는 것은 '미사일 탄두에 핵폭탄을 실을 수 있게 되었다'는 것입니다. 핵폭탄이 크면 미사일에 실을 수 없으므로 그 소형화가 과제였는데, 이번에 그 것이 가능해진 것입니다.

북한은 작년 말에 '인공위성'이라고 말하는 탄도 미사일 실 험에 성공하여 1만 킬로미터의 항속거리가 있는 미국까지 노 릴 수 있게 되었는데, 이번 실험이 성공했다는 것은 그 미사일 에 소형 핵폭탄의 탑재까지 가능해졌다는 것을 의미합니다.

더군다나 이것은 아직 명확하지는 않습니다만 '이번 핵실 험에서는 우라늄형의 핵폭탄이 사용된 것이 아닐까?'라고 말 해지고 있습니다. 북한에는 우라늄 광맥이 있기 때문에 우라 늄형이라면 북한에서의 자원을 가지고 얼마든지 핵미사일을 양산할 수 있게 된 것입니다.

따라서 위험성이 갈수록 높아지고 있는 북한을 향해 관계 각국이 공식적으로 일제히 비난하는 성명을 내고 있습니다.

민주당 정권은 중국에 파고들 틈을 주어 북한을 교만하게 만들었다

오오카와 류우호오

2012년의 일을 돌아보면 일본에서는 봄 무렵부터 열렬한 원전 반대운동이 일어나기 시작하여, 여름 무렵에는 '원전 반대' '탈(脫)원전'의 움직임이 절정을 맞이한 상태였습니다. 매스컴의 보도만을 본다면 일본 국내 여러 곳에서 원전 반대, 탈원전의 민의가 형성된 단계까지 와 있었던 것입니다.

하지만 행복실현당이 패배를 불사하면서까지 가두연설을 행하여서 '원전 반대와 탈원전에 대한 반대 운동도 있다'고 말하며 그 움직임을 격파하러 나섰습니다.

그때 나도 상당히 무리를 했습니다만 나에게는 의지가 있었습니다. 왜냐하면 원전 문제는 국방의 문제이기도 하기 때문입니다.

북한이 이번처럼 핵실험과 미사일실험을 하여 핵미사일을 완성시켜 주변 국가를 위협한다는 것은 예상된 일이었습니다.

그 개발과정에 일본에서는 동일본 대진재(大震災)가 있었습니다만 '일본에 지진과 해일이 있었다'는 이유로 '원자력에서부터 일절 손을 뗀다'는 형태가 된다면 그것은 평화운동은 커녕 '일본의 집단자살'이나 '일본이 티베트처럼 되는 것'을 의미하게 되는 것입니다.

핵미사일을 개발하는 일본 주변의 국가에서 본다면 이처럼 고마운 일은 없을 것입니다. 자신들은 핵미사일을 개발하고 있는데도 일본은 '핵의 비무장'을 선택하는 것이므로, 이것은 일본의 역사에서 비유하면 '에도(江戸)의 성(城)을 피를 흘리지 않고 함락했다'는 것과 같은 일입니다. 즉, 국민을 들고 일어나게 하고 또 매스컴을 들고 일어나게 하여 어떻게 해서라도 타국이 일본을 함락시킬 수 있는 상황으로 가져가려고 했던 것입니다.

일본은 민주주의의 나라입니다만 그 민주주의 아래에서 국민이 '집단자살'을 하려고 한다면 국민을 정신 차리게 해주어야 하므로, 나는 상당히 엄하고 격한 말로 '잘못되었다'라고 지난 반년 동안 말해 왔습니다.

그 결과 정권은 교체되었는데, 외부의 위협에 대항할 자세를 가진 자민당 정권으로 교체되었습니다.

다만 예전의 민주당 정권이 발족하고 나서 이미 4년 가까이 경과하고 있습니다만, 행복실현당을 시작한 시점(2009년 5월 창당)에서 우리가 주장하던 방향으로 일본이 움직였더라면 '북한의 핵미사일 문제'와 '중국의 패권주의'에 대한 방어 준비는 충분히 끝났을 것이라고 생각합니다. 거의 준비가 마무리되어 있었을 것입니다.

방위 관계로 국가가 예산을 편성해도 그것이 구체화될 때까지는 대체로 3년에서 5년 정도 걸립니다만, 그 무렵에 준비를 시작하고 있었더라면, 현시점에서는 기습을 받아도 방위할 수 있는 단계까지는 순차적으로 준비되어 있었다고 생각합니다.

하지만 실제로는 반대 방향으로 나아갔습니다. 중국에는 약자의 모습으로 국가를 개방했고, 중국이 파고들 틈을 주면서 북한을 교만하게 만들었습니다.

지금은 패권주의를 내세운 중국에 밀려서 중국 내의 일본 기업들은 인질처럼 된 상황입니다.

그뿐 아니라 알제리에서도 일본인 인질이 많이 살해당했

고, 2013년 2월 12일에는 안전하다고 간주되던 괌에서 일본인 관광객이 살상당하는 사건이 발생했습니다.

같은 무렵에 태국의 군사기지가 이슬람 과격파에 의해 습격당했습니다. 군이 과격파를 제압했습니다만, 누군가가 뒤에서 세계적으로 동시에 여러 가지 사건들을 일으키고 있을 가능성도 있다고 생각합니다.

옳은 말을 계속할 수밖에 없는 행복실현당

오오카와 류우호오

평화주의는 좋습니다만, 일본이 '집단자살'의 방향으로 나아가거나 '일본인을 괴롭혀 주어도 괜찮다'라는 형태로 박해를 불러들이는 상황이 된다면 문제입니다.

그런 정세 속에서 아베(安倍) 총리는 비교적 좋은 상태로 등장했고 아베 내각의 지지율도 서서히 올라오고 있으므로 그 점은 좋다고 생각됩니다만, 유감스럽게도 역시 3, 4년은 늦었

23

습니다.

　아베 총리는 이번의 핵실험이 행하여진 후에 '북한에 대해 모든 수단을 동원해서 대응하겠다'고 말하고 있습니다. 그러나 '모든 수단'이라고까지는 말할 수 있어도 '그 모든 수단이란 무엇입니까? 구체적으로 말해 주십시오'라고 물어보면 대답할 수 없을 것입니다. 그것이 일본의 정치입니다.

　굳이 구체적으로 말한다면 '금융 제한'이나 '화물의 임검(臨檢)' 정도는 내놓겠지만 모든 수단이라고 말하면서도 그 이외에 대해 분명히 말하지 못하는 상황입니다.

　이것이 일본 정치의 약한 면이고, 또 선거를 앞둔 상황에서의 해법이기도 할 것입니다.

　따라서 '행복실현당이 손해를 보고 수지가 맞지 않는 일(일본 국민이 쉽게 납득하지 않는 정론을 호소하는 일)을 다시 시작하지 않으면 안 되겠구나'라는 생각도 듭니다.

　타니자와 에이치(谷澤永一) 씨가 영언(靈言)에서 말하던 대로, 행복실현당은 선거에서 계속 패한다고 하는 사명을 다하지 않으면 안 될지도 모르므로(≪행복실현당에게 말씀 드린다≫ : 행복실현당 간행 참조) 자민당이 말하지 못하는 모든 수단이란 무엇인가?를 야나이 당수가 계속 말하면서 보기 좋게 득표를 줄이지 않으면 안 될 가능성도 나타나고는 있습니다만, 달리 방법이 없습니다.

국민의 집단자살을 민주주의라고 착각한다면 역시 일본 국민에게 간언(諫言)할 수밖에 없습니다. 일본은 국민주권입니다만 '주군'인 국민이 발광한 상태라면 '가신(家臣)'은 할복을 각오하는 마음으로 충고하지 않으면 안 될 것입니다. '야나이 당수의 목 정도는 얼마든지 드리겠다'라는 각오로 싸울 수밖에 없습니다.

역시 옳은 말을 계속할 수밖에 없습니다.

행복의 과학이 지금까지 주장해 왔던 바는 틀리지 않았습니다. '아베노믹스(아베 정권의 경제정책)'도 마찬가지인데, 행복의 과학이 말한 대로 아베 씨가 실행했더니 1달 만에 효과가 나왔습니다. 그가 총리가 되기 전에 효과가 나왔을 정도이므로 '얼마나 전문가들이 모르고 있었는가?'를 잘 알 수 있었을 것입니다.

군사에 대해서도 마찬가지일 것입니다.

민주당 정권이 행복의 과학에서 말한 대로 해주었더라면

중국이나 북한에게 당하지 않았겠지만, 지금의 일본은 마구 농락당하는 상태가 아닙니까?

북한의 미래를 투시한 다음 김일성을 조사한다

오오카와 류우호오

이번에는 '북한과의 충돌을 예견한다'라는 테마를 가지고 이야기 하겠습니다.

제1부에서는 지금까지와는 달리, 개인이 아니라 북한이라는 국가의 운명을 리딩(영적 조사)하겠습니다. '북한이 앞으로 어떻게 될 것인가?'라는 시점(視點)에서 미래를 투시하여 북한의 미래가 어떻게 보일 것인지 투시를 해 보겠습니다.

다만 북한의 문제는, 실제로 한국이나 중국, 일본, 필리핀, 미국, 인도, 파키스탄, 그 밖의 여러 나라의 이해와 얽혀 있고 유엔도 관계하고 있으므로 '여러 국가의 의사'와 '그때 그 국가에 어떤 지도자가 있는가?'에 의해 판단이 달라질 수 있습니다.

　그와 같이 다른 나라의 판단이나 그 나라 지도자의 판단 등의 의사(意思)에 의해 바뀔 수 있습니다.

　예를 들어 미국의 대통령이 지금과 다른 사람이라면 판단이 바뀔 가능성도 있습니다. 또 지금의 오바마 대통령도 '부시 전 대통령에 상당히 근접하고 있다'라고 말해지고 있으므로 앞으로 어떻게 될 것인지 아직 알 수 없는 면도 있습니다.

　그런 전제 아래에서, 나로서는 마음을 비우면서 '북한이 어떤 미래를 만들어 갈 것인가?'에 대해 에드거 케이시의 미래 리딩을 통해서 투시를 해 보겠습니다.

　그리고 여력이 있으면 제2부에서 '김일성의 영적 조사'를 하고 싶습니다.

　지금의 북한은 김정일의 아버지이고 초대 국가주석이며 장군이었던 김일성이 아마 배후(영계)에서 지도하고 있을 것이라고 추정됩니다.

　김일성 자체에 대해서는 오사마 빈라덴이나 사담 후세인처럼 조사하지는 않았습니다(오사마 빈라덴에 대해서는 2013년 1월 22일에 영언을 수록했다. 《이슬람 과격파에게 정의는 있는가》

: 행복의 과학 출판 간행 참조. 사담 후세인에 대해서는 2013년 2월 4일에 영언을 수록했다).

'김일성은 지금 어떤 상태인가?'를 영적으로 조사하여 만약 대화할 수 있는 상태라면 질문자들과 다소 의견 교환을 해 주셔도 좋습니다.

이 사람은 북한에서는 '건국의 신'이 되어 있을 것이고, 그의 '주체 사상'은 '모택동 사상'처럼 종교를 대신하는 것으로 북한을 이끌어가고 있을 테니까, 북한의 건국의 신이면서 그 교리를 정한 사람과의 대결은 역시 피해 갈 수는 없다고 느낍니다.

제1부에서는 북한의 미래에 대해 조사하겠습니다만 그들이 생각하는 대로 '군사적으로 성공하여 국가를 키워서 한국을 정복한다'라는 강성대국(強盛大國)을 향한 길을 걷고 있는가, 아니면 멸망을 향해 있는가, 극단적일 경우에는 양쪽 모두 있을 수 있습니다.

다만 어떻든 간에 미래를 투시하는 내용을 말하기만 해서는 불충분하므로 제2부에서 북한을 영계에서 지도하고 있다고 간주되는 김일성을 불러 '조사'를 하겠습니다.

김일성이 미래를 투시하는 내용과는 반대의 말을 할 가능성도 있습니다. 만약에 '멸망해 가고 있다'라고 하는 영적 조사결과가 나온다면 '그런 일은 있을 수 없다'고 말할 것이라고 생각되므로 그 부분의 이야기도 하지 않으면 안 될 것입니다.

한편 '북한이 성공하고 있다'라면 어디까지 북한의 미래를 계획하고 있는지 그에게 물어보지 않으면 안 될 것입니다.

중국에서의 선전포고 등을 이제야 말하기 시작한 일본의 매스컴

오오카와 류우호오

오늘은 대단히 어려운 테마입니다만, 일본에 있으면 해외정보로서 들어오는 것 이외에는 아무 것도 알 수가 없습니다. 그래서 현재 새로운 영적 정보를 원하는 시기라고 생각되며, 그런 정보는 방위성(防衛省)이나 자위대, 그리고 내각에서도 극히 중요한 정보가 되는 것이 아니겠습니까?

오늘 아침 신문기사에서는 〈주간 문춘(文春)〉과 〈주간 신조(新潮)〉가 '중국에서의 선전포고' '도쿄 공폭' 따위의 말을 사용하여 '중국이 공격해 온다'는 내용의 특집 기사를 타진하고 있었습니다만 내가 보기에는 기사가 나오는 것이 늦었다고 생각됩니다.

그런 것에 대해서는 이미 오래 전에 행복의 과학이 경고했던 내용입니다만, 그들로서는 일본이 영공침범 또는 영해침범을 당하거나, 자위함(自衛艦)이 레이더로 록 온(lock on)을 당하거나, 상대의 군 내부에서 전쟁준비 명령이 나오는 등, 구체적인 사태가 발생하지 않으면 기사로 쓸 수 없는 상황일 것입니다.

행복의 과학은 그런 사태가 일어나기 전에 이미 중국의 의도를 파악하고 있었으므로 '매스컴의 정보발신은 굉장히 늦다'고 생각합니다.

그렇다고 해도 오늘 아사히신문은 '중국에서의 선전포고'라는 말을 사용한 〈주간 문춘〉의 광고를 뒤쪽 24면에 싣고 있었습니다. 이것은 행복의 과학 영언집의 광고보다도 훨씬

안 좋은 지면에 실은 것입니다.

아사히신문으로서는 그 광고를 될 수 있는 한 구독자들이 보지 않았으면 하는 의도였는지는 확실치 않지만 뒤쪽에 실음으로써 '숨겨져' 있었으며 그 부분에서 신문사로서의 약간 저항 의사를 나타낸 것이라고 느껴졌습니다.

한편 요미우리신문 등에서는 보통 광고가 실리는 곳에 게재하고 있었습니다.

이와 같이 지금 배후에서는 여러 가지 사상전(思想戰)이 행하여지고 있습니다.

영적 조사에 의해 북한에 대한 대항책을 모색하고 싶다

오오카와 류우호오

'평화롭고 날로 번영하는 사회가 되었으면 좋겠다'고 바라는 마음은 모두 똑같습니다만, 그것을 실현하는 과정에서 객

관적 정세와 상대의 생각 등을 읽지 못하면 오히려 수많은 범죄의 온상이 되고, 또 군사적인 피해자를 많이 낳을 수도 있습니다.

예를 들어 유대인은 히틀러로부터 탄압을 받고 가스실에 보내져 처형되기까지 하였습니다. 그것에 대해 '히틀러가 나쁘다, 나치스가 나쁘다'고 나중에 결과론으로서 말하는 것은 좋습니다만, 미리 유대인 탄압이 일어날 것을 알고 있었다면, 대항조치로서 유대인에게는 국외 탈출이라는 방법도 있었을 것이고 다른 나라에 그 위험성을 알려서 독일을 견제할 수도 있었을 것입니다.

이번의 영적 조사도 그것과 같다고 할 수 있습니다.

북한의 의도를 미리 알고 있으면 대항책을 취할 수도 있게 될 것입니다.

하지만 잘못하면 일본이 티베트처럼 되는 일도 있을 수 있습니다. 오늘 뉴스에서 '티베트에서는 2009년 이후 100명이나 되는 사람들이 중국에 대한 항의로 분신자살을 하고 있는데도 사태는 아무 것도 변하지 않았다'라는 내용을 문제 삼고 있었습니다.

그런 사태가 50년 이상 지나고 난 다음에 일본에서도 일어나면 안 되므로 사전에 생각해 두어야 할 것입니다.

티베트의 경우는 어느 날 갑자기 중국군이 티베트를 침공한 상황이었습니다.

이와 같은 사태에 대해서는 영적인 조사를 하는 쪽이 빠르므로, 미래에 일어날 수 있는 사실을 안 다음에 경고해야 할 바에 대해서는 경고해야 할 것입니다.

행복실현당을 창당(創黨)한 이래로 우리는 4년 동안 국정에 대한 제언을 해왔습니다만 현재 행복의 과학은 '양치기 소년(허위를 주장하여 외면당하는 상태)'이 되어 있지는 않습니다. 행복의 과학이 주장해왔던 것은 대체로 전부 맞았습니다. 해외에서 일어나는 상황에 대해서도 맞았고 일본의 진재(震災)에 대해서도 맞았습니다. 행복의 과학이 주장하는 내용은 결코 위협이 아닙니다.

서론은 이상입니다.

그러면 먼저 북한이라는 국가의 운명에 관한 미래예지 리딩에 들어가겠습니다.

(양손의 손가락을 끼고 눈을 감는다)

'북한의 미래가 어떻게 보일 것인가?'에 대해 미래예지식으로 리딩을 시작하겠습니다.

(질문자들에게) 지정하고 싶은 연도나 외국과의 관계 등 묻고 싶은 것이 있으면 도중에 질문해 주셔도 좋습니다.

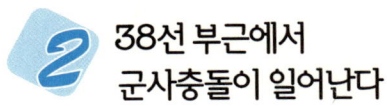

2 38선 부근에서
군사충돌이 일어난다

병기에 의한 북한군과 한국군과의 싸움

오오카와 류우호오 : (눈을 감고 합장한 손을 이마의 높이까지 올린
다)

최근 북한은 세 번째 핵실험을 하여 주변
국가로부터 비난을 받고 있습니다만 이
나라의 운명이 이후 어떻게 될 것인가? 국
가 지도자가 생각하는 방향으로 갈 것인
가? 혹은 그 반대 방향으로 갈 것인가? 일
본과의 관계는 어떻게 될 것인가? 알 수
있는 범위에서 미래를 리딩해 가고 싶습
니다.

(약 30초 동안 침묵)

케 이 시 : 불꽃이 보이는군요.

불꽃이 보입니다만, 한반도의 중간 부근이니까, 38
선 부근인가요? U자형이라고 할까, V자형이라고 할
까, 지금 불꽃이 아래를 향해 돌출된 형태로 한반도
에 퍼진 모습이 보입니다.

(약 20초 동안 침묵)

'38선에서 일어나고 있다'고 하는 이상, 이것은 한
국군과의 충돌이 일어났다는 것을 의미한다고 생각
됩니다.

아야오리 : 북한 쪽에서 침공한 상태입니까?

케 이 시 : 음……. 지금으로서는 38선을 중심으로 불타고 있으
므로 이것은 서로 양자가 격돌한 형태라고 생각되는
군요.

한쪽이 일방적으로 공격한 것처럼 보이지는 않으므
로 서로 격돌한 것이 아닐까라고 생각됩니다. 양쪽
군대가 서로 격돌한 형태라고 생각되는군요.

이 불타는 모습에서 본다면, 우선은 통상적인 병기
를 중심으로 한 싸움에서부터 시작되었다고 여겨집

니다.

아야오리 : 미군도 개입했습니까?

케 이 시 : 미군은 조금 대응이 늦네요. 기지는 있지만 지원을
부르는 것 같군요. 미군은 지원군이 올 때까지 조금
시간이 걸리는 모양인데, 그 전에 이미 전투는 시작
되었다고 여겨집니다.

괌이나 미국 본토에서 지원이 오겠지만 완전히 전
투태세로 합류할 때까지 1개월 정도 걸릴 가능성이
높고, 미군은 싸우고 있다기보다는 한국에 있는 자
국민을 피난시키는 쪽에 주력하고 있다는 식으로
보입니다.

미국의 독립 기념일이나 일본의 참의원선거 무렵이 노릴 시기?

아야오리 : 이 사태가 일어나는 시기에 대해서 특정할 수 있겠

습니까?

케이시 : 시기를 알 수 있을 것인가 어떤가……

(약 10초 동안 침묵)

무엇을 보면 알 수 있을까? 한국에 시계탑은 없는 모양이죠. 어떻게 해야 할까? 조금 다른 곳을 찾아볼까요? 어디선가 시기를 알 수 없을까?

(약 15초 동안 침묵)

그렇게 먼 미래가 아닌 것 같군요. 그렇게 먼 미래가 아닌 느낌이 들고……, 겨울도 아닌 느낌이 드네요. 지금은 겨울이고 올해(2013년)의 마지막도 아니라고 느껴지므로, 봄부터 여름, 가을까지의 기간으로 생각한다면, 한국에서는 대통령이 바뀌고, 그렇군요……, 미국의 독립 기념일이나 일본의 참의원선거 무렵이 북한이 노릴 시기일지도 모르겠습니다. 그렇게 먼 미래의 일이 아닌 느낌이 드네요.

야나이 : 일본의 참의원선거라고 하면 올해입니까, 아니면 3년 후입니까?

케이시 : 아니, 올해일 가능성이 대단히 높다고 생각되는군요.

지금 지도상에서는 38선 부근이 불타는 상태로 보입니다. 물론 북쪽에서 남쪽을 향해 공격을 시작하고 있다고도 생각되지만 한국 쪽에서도 북쪽을 향해 상당히 반격하고 있다고 생각되는군요.

일본은 아직 전투에 참가하지 않았다고 여겨지고, 미국은 그렇다고 해도, 미국인과 일본인 모두 한반도에서 피난하는 것을 먼저 생각하는 것 같습니다. 전쟁을 하기보다도 우선은 가족 등을 피난시키는 쪽이 먼저여서, 남쪽으로 자꾸 가고 있네요. 부산 쪽으로 가서 해외로 건너가려고 하는 것이 아닐까요? 우선은 일본으로 철수하겠지요.

미국은 항모를 출동시키고, 게다가 괌에서도 비행기를 이륙시키고 있습니다만 아직 북한을 폭격한다는 판단이 내려지지 않은 것으로 보입니다.

아야오리 : 지금 북한에서 핵실험이 행하여져 유엔의 제재도 ······.

케 이 시 : 할 것입니다.

아야오리 : 진행되기 시작하고 있습니다만, '구체적인 제재가

시작되어 거기서부터 무력 충돌로 전개되어 간다'
는 형태입니까?

케 이 시 : 한국은 상당히 분노한 느낌이군요. 그러므로 한국
은 미사일 공격을 할 준비를 시작하여 그 준비가
갖춰질 때 어떤 사태가 시작될 것 같다는 느낌이
듭니다.

핵무기를 쓰기 전에 북한을 치려고 하는 한국

아야오리 : 그 후의 전개로서는 전면전과 같은 사태가 되겠습
니까? 아니면 그 지역에서의 무력 충돌에 그치겠습
니까?

케 이 시 : (약 5초 동안 침묵)

중국이 어떻게 나서느냐에 따라 영향이 달라진다
고 생각됩니다만……. '중국 포위망'도 동시에 만
들어지고 있으므로, 만일 중국이 중국 포위망을 깨

뜨리고 싶어서 뒤에서 북한을 도발하게 만들고 있는 구도라면 주변의 대국(大國)들은 그리 간단히 움직일 수 없을 것이라고 생각되는군요.

'중국과의 전쟁까지 생각하지 않으면 안 된다'는 사태가 된다면 상당히 큰 문제가 되므로, 일본 등은 '국가의 존망'이 걸리게 되지요.

미국은 '국가의 존망'까지는 가지 않습니다만 직접 공격을 받을 가능성이 생기므로, 지금의 민주당이나 의회 등이 어떻게 판단하느냐에 따라 다소 논쟁이 일어날 것입니다.

본래 같으면 북한으로 하여금 선제공격을 하게 만든다면, 미국으로서는 지금까지 해왔던 것처럼 직접 개입하는 패턴을 취할 수 있습니다만, 이번에는 한국 쪽이 기다리지 못하여 남북한 양쪽 서로 공격에 나선다는 식으로 보입니다.

그런 의미로 미국적인 정당성이나 일본적인 정당성을 만들 수 있는가는 의문이군요. 먼저 전투가 시작되어 버린 경우로 보입니다.

야 나 이 : 한국은 이미 '북한이 한국을 공격하는 자세를 보인다면 적지를 선제공격하는 것도 불사하겠다'라는 방침을 냈으므로 그 흐름에서 충돌이 시작되었을 가능성은 있습니까?

케 이 시 : 북한은 상당히 강경하게 나올 것이라고 생각되는군요. 아마 국제적인 제재가 가해지거나 하면 그것에 대해 대단히 분노한 모습을 보일 것이라고 생각됩니다.

그래서 한국도 정세를 관망하는 동안에 북한이 핵무기 등을 쏘거나 한다면 큰일이 아닐 수 없으므로 '그 전에 미사일 기지를 때려 부수고 싶다'는 생각에 사로잡힐 것입니다. 그 의미로 이스라엘과 같은 생각을 가지게 될 가능성이 높겠지요.

다만 미국과 일본은 양쪽 다 판단이 매우 늦어질 것으로 예상됩니다. 그런 시기에 일어날지도 모르겠군요.

북한의 움직임을 자국에 유리하게
이용하려고 하는 중국

아야오리 : 이런 국경선상에서의 전투가 한동안 계속되겠습
니까?

케 이 시 : 그것은 중동 등에서는 자주 일어나던 일입니다만,
그런 나라에서의 전투 방식은 예전의 일본의 함대
결전(決戰)과 같은 식이 아니라 '공격하거나, 쉬거
나' 하는 형태입니다.

그러니까 중국의 태도에도 의합니다만, 운이 나쁘
게도 중국 쪽에서는 군사확장주의를 표방하는 자
가 실권을 쥐고 있으므로, 북한의 움직임을 자기네
들에게 유리하게끔 이용하려고 할 것입니다.

따라서 북한을 날뛰게 만들면서 '북한을 잘 다룰
수 있는 것은 중국뿐이다'라는 국제여론을 만들려
고 할 것입니다. 세계를 안정시키는 주도권은 중국
에 있다는 방향으로 가져가려고 할 것입니다.

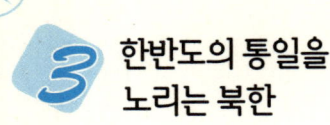

3 한반도의 통일을 노리는 북한

심양군구의 중국군 남하를 두려워하여 먼저 앞장서 공격할 수 없는 미국

아야오리 : 미국은 새로운 국무장관이 임명되어 융화적인 노선이 강하게 나올 것이라고 예상됩니다만, 북한을 잘 다룰 수 있다는 중국의 주장을 받아들이는 형태로 전개되겠습니까?

케 이 시 : (약 5초 동안 침묵)

본래의 미국이라면 사실은 북한의 핵기지 등을 쳐부수지 않으면 안 될 것입니다. 군사적으로는 북한이 핵미사일을 쏘기 전에 여기를 때려 부수지 않으면 안 될 것입니다만 그런 공격을 하면 압록강 북쪽에 있는 중국 동북부의 군구(軍區), 즉, 심양군구

(瀋陽軍區)의 중국군이 멋대로 움직이기 시작할 것 같은 위험이 있지요.

베이징(북경 정부)의 판단과는 달리 또 다른 군부의 판단이 존재하므로, 미국은 심양군이 북한에 남하해 와서 합세하는 것을 대단히 두려워하고 있습니다.

다만 북한을 치는 것만이라면 가능합니다만 그런 공격을 하면 중국과의 전쟁으로 이어지게 될 테니까, 거기까지의 판단을 하기 위해서는 역시 대통령 이하 의회로부터 전면지원을 받지 않으면 안 될 것입니다. 이미 북한에서는 '미국 본토를 향해서도 공격하겠다'라는 말을 하고 있으므로 미국도 그다지 먼저 나서서 공격하는 태세는 아닐 것으로 간주됩니다.

핵을 대의명분으로 삼아서
한국에 백기를 들게 할 작정

아야오리 : 김정은은 도대체 무슨 생각으로 어디까지 하려고
하는 것일까요?

케 이 시 : 한반도의 통일을 생각하고 있습니다.

아야오리 : 한국을 공격하려는 셈이군요.

케 이 시 : 예. 한국을 빼앗을 생각일 것입니다. 최종적으로는
핵무기가 있기 때문이지요.

물론 핵무기를 사용하면 파괴도가 크기 때문에 나
라를 통일해도 이점(利點)은 적지만, 핵보유국이라
는 위협을 하기 위해 사용할 생각이겠지요. 만약
미국이 개입해 온다면 미국에 대해 '쏘겠다'라고
위협할 것이고 일본이 개입해 온다면 일본에 대해
서도 '쏘겠다'라고 위협할 것입니다. 이와 같이 외
국의 개입에 대해 그것을 견제하는 모습이 강하게
나타날 것입니다.

될 수 있으면 병기를 써서 한국을 항복시키고 싶겠지만, 배후에 있는 핵무기를 대의명분으로 삼으면서 '최종적으로는 핵무기를 쏘겠다'고 할 것입니다. 특히 한국이 여성 대통령이 된 후여서 스스로 백기를 들도록 노리고 있다고 생각됩니다.

처음부터 청와대를 노리고 공격해 올 가능성도 있다

야나이 : 그렇게 된다면 전쟁의 실마리가 무엇이었는지는 추후 따지더라도, 원래의 의도는 '남쪽을 공격하여 점령한다'라는 명확한 계획을 가지고 그 때문에 여러 가지 도발을 하는 등 전략적으로 전쟁을 시작한 셈입니까?

케이시 : 그렇지요. 다만 한국도 너무 성급한 반응을 보였다고 생각되는군요.

도발에 말려들어서 북한에 대해 강경대응을 하고 있다는 면이 보이므로, 반드시 '한쪽이 다른 한쪽을 침략했다'라고 할 수 없는 애매한 상황에서 시작되었다고 보이는군요.

그러나 북한은 명확히 '한반도의 통합'을 노리고 있습니다. 이제부터 한국이 탄도 미사일을 늘리고, 핵은 없지만 북한을 미사일로 공격할 수 있도록 증강하려고 할 터이므로, 북한은 그것이 완비되기 전에 남한을 쓰러뜨리고 싶다는 의도를 가지고 있을 것으로 여겨집니다.

아야오리 : 실제로 이 사태가 어떻게 전개될 것인지, 박근혜 대통령은 백기를 들지 않고 버틸 수 있겠습니까? 혹은 백기를 들고 마는 것입니까?

케 이 시 : (약 5초 동안 침묵)

대통령이 지휘하는 모습이 느껴지지 않으므로, 어쩌면 처음부터 청와대 등을 노리고 공격을 가할지도 모른다고 생각됩니다.

생각보다 비교적 빠른 단계에서 한국정부의 요직

에 있는 사람들은 북한의 공격을 받았을지도 모릅니다. 그 가능성이 높다고 여겨집니다.

그러니까 박근혜 대통령이 전쟁지휘관으로서 지휘하고 있다는 보장은 없습니다.

해상에서 보트피플을 구출할 수밖에 없는
일본의 자위대

야 나 이 : 통상적인 병기가 사용되고 있다는 말씀입니다만, 구체적으로는 어떤 전투가 전개되고 있습니까?

케 이 시 : 우선은 지대지(地對地) 미사일을 서로 쏘면서 전투기에 의해 서로 경계선을 넘나들며 상대에게 폭탄을 투하하거나 미사일을 쏘거나 공중전을 하고 있습니다. 또 탱크의 침입과 박격포 등의 발사 등도 행하고 있습니다.

어느 쪽이 시작했는지 잘 알 수 없는 형태로 전투

가 시작되고 있습니다만, 북한이 서울을 공격해 오는 속도가 빠르다고 생각됩니다.

미국이나 일본은 우선적으로 자국민을 피난시키는 방향으로 하면서 전투준비에 들어가려는 형태가 될 것입니다.

일본의 자위대는 유감이지만 제대로 기능을 하지 못한 채 한국에서 도망쳐 오는 사람들을 구출하는 임무가 주된 임무가 되어 있어서, 전투까지는 참가하지 못할 것이라고 생각됩니다.

야 나 이 : 지금 자위대법(自衛隊法)의 정비가 불충분하여 '군대가 아니다'는 이유로 일본인의 구출에 자위대를 파견할 수 없다는…….

케 이 시 : 하지만 보트피플(Boat people) 식으로 도망쳐 온 사람들에 대해서는 해상에서 구출할 수는 있습니다.

야 나 이 : 예. 다만 구체적으로 전쟁이 일어난다면 한국에 있는 일본인들은 상당한 공황상태에 빠지게 되겠군요.

케 이 시 : 그렇겠지요. 그러나 일본은 그런 나라라고 생각됩니다.

그러니까 일본은 또 무력감을 맛볼 것이고, 지난 대진재(大震災) 때와 같은 대응을 취할 것입니다. '전쟁은 나쁘다'는 식의 비난성명은 내겠지만 주체적으로 무엇인가를 할 수 있는 상태는 아니라는 느낌이 듭니다.

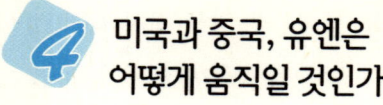

4 미국과 중국, 유엔은 어떻게 움직일 것인가

한국에서 미군을 추방할 수 있으면 대승리라고 생각하는 북한

아야오리 : 실제로 북한이 한국을 거의 점령하는 상황까지 가겠습니까?

물론 미국의 움직임에 의해 바뀔 가능성은 있다고 생각됩니다만, 만약에 미국이 결단을 내리지 못하여 '중국과 대결하고 싶지 않다'는 식으로 전개될 경우에는, 북한이 한국을 점령하게 되는 흐름이 되겠습니까?

케 이 시 : 만약 한국에 있는 미군기지를 무력화할 수 있다면, 북한의 입장에서는 대승리(大勝利)라고 생각할 것입니다. 그야말로 미군이 오키나와(沖繩)나 괌 쪽으

로 후퇴하는 것이 북한에게 가장 좋은 일이겠지요.

그러므로 한국에서 미군을 추방할 수 있으면 전략적으로는 성공이라고 여기고 있다고 생각되는군요.

미군에게 차분한 시간을 주면 미군 측도 공격해 오겠지만 그 시간을 주지 않는 '속공'이 북한의 기본적인 전략이지요.

이것에 의해 제법 뼈아픈 상처를 입게 되는 것이 아닐까라고 생각됩니다.

이 단계에서는 아직 '국가 대(對) 국가의 승패가 결정된다'는 단계는 아니지만 드디어 분쟁이 시작된다는 식이 되지 않을까요? '제2차 한국전쟁(6. 25 전쟁)'의 시작이 될 것입니다.

동시에 일어나는 이슬람 테러는
미국을 현혹시키려는 교란전술

아야오리 : 미국이 제대로 개입할 수 없는 상태라면 시리아의
　　　　　 내전과 같은 형태의 전투가 끊임없이 계속되어서
　　　　　 …….

케 이 시 : 맞습니다. 처음에는 그렇게 됩니다. 그러므로 국내
　　　　　 의 총의로써 전쟁을 할 것인가 아닌가 결정합니다
　　　　　 만, 이미 지상전이 시작된 단계에서 미군 병사를
　　　　　 투입하면 사상자가 많이 생기기 때문에 오바마 정
　　　　　 권은 그런 사태를 아주 싫어할 것입니다. 그래서
　　　　　 어디까지나 '총이나 미사일 등의 날아가는 무기'를
　　　　　 사용하는 전투 쪽으로 주력을 옮기려고 할 것입니다.
　　　　　 그러니까 토마호크 외에 여러 가지 미사일이나, 제
　　　　　 트기를 이용한 공폭형으로 대응해 갈 것이라고 생
　　　　　 각됩니다.
　　　　　 다만, 중국의 움직임이 크게 문제가 될 것입니다.

이제 곧, 중국의 확장노선이 올해 중에 큰 문제가 될 것입니다. 지금 북한의 핵실험에 관해서 중국이 분노를 표출하고 있지만 그들은 '거짓말쟁이의 전문가'이므로 진짜로 화를 내고 있을 리는 없다고 생각되는군요.

이것과 동시에 아마 이슬람계의 테러도 여기저기서 일어날 것입니다. 요컨대 미국을 현혹시키려는 교란전술이지요. 양동작전(陽動作戰) 식으로 여러 곳에서 테러를 일으키거나 해서 미국이 집중할 수 없도록 만들 것입니다.

오바마 씨의 기본적인 사고방식은 '후퇴하면서 국지전(局地戰)으로 만들어 군사비를 극소화하여 싸움을 작게 한다'는 작전이므로, 반미세력은 싸움을 다극화(多極化)시켜서 수습되지 않는 쪽의 방향을 선택할 것입니다.

일본인도 마찬가지입니다만 미국인의 생명에 대한 인식은 대단하므로 사람이 죽어가는 사태에 대해 미국은 과잉반응을 할 것입니다. 그 때문에 '전쟁에 휘말려들고 싶지 않다는 민의를 일으킬 수는 없는가?'라는 방향으로 공략할 것이고, '대국(大國)인 중국과의 제2차 냉전이 핵전쟁과 같은 본격적인 뜨거운 전쟁으로 변하는 것을 피하고 싶다'는 미국 내 여론을 만들려고 할 것입니다. 그 부분에서 크게 균형을 잡아야 하므로 그다지 간단하고 단순하게 끝나지는 않을 것입니다.

전투 그 자체는 일정한 기간이 지나면 수습될 것이라고는 생각됩니다만, 중동과 같은 나라는 선진국과는 달리 속전속결로 싸우지 않고 천천히 시간을 가지면서 싸울 것이라고 생각됩니다. 그 때문에 전쟁이 계속되고 있는지 끝났는지 알 수 없는 모호한 상태가 계속될 것입니다.

그동안 유엔 등에서 정확하지 않은 정보를 발표함으로써 혼란만 키울 것으로 생각됩니다.

북한의 군사행동은 중국이 본격 전투를 개시하기 전의 시뮬레이션

야 나 이 : 분쟁이 시작된 단계에서, 김정은과 뒤에서 조종하고 있다고 간주되는 시진핑과의 관계는 어떤 형태입니까? 표면에서는 여러 가지 형태를 보이겠습니다만.

케 이 시 : 시진핑은 북한에 군사행동을 일으키게 해서 '한국, 일본, 미국의 군사적인 연계, 동맹 관계가 어느 정도인가?' 혹은 '어느 정도의 기동력을 가지고 반응할 것인가?'를 관찰하고 있습니다. 시진핑은 전력(戰力)을 견적하는 실험 정도로 밖에 생각하지 않을 것입니다. 그는 '어느 정도의 반격 능력, 반응 속도로 대응해 올 것인가?'를 볼 것입니다. 그 정도의 전략성은 가지고 있으니까요.

그리고 중국이 태도는 분명히 하지 않으면서 결판을 낼 수 있는 것은 중국뿐이다는 식으로 선심을 베풀어 주는 것과 같은 형태의 교섭을 하려고 할 것입니다.

중국은 중개하는 형태로 개입하여 '북한을 억제시
킬 수 있다'는 형태를 보이면서 적의 전력과 반응
속도 등을 보려고 할 것입니다.

'일본의 방위 능력과 한국의 방위 능력, 미국의 요
격 능력은 어느 정도인가?' '의회와 대통령의 판단
속도는 어느 정도인가?'를 보고 자기네들(중국)이
본격 전투를 개시하기 전의 시뮬레이션으로 사용할
것입니다.

야나이 : 북한은 한국의 동맹국인 미국과 일본이 개입하는 것
을 대단히 싫어할 텐데, 그것을 억제하기 위해 미국
이나 일본에 대해 '핵을 쏘겠다'는 식으로 구체적인
협박을 해 오는 것입니까?

케이시 : 입으로만 말한다면 그런 소리는 얼마든지 할 수 있
을 것입니다. '미국 본토를 공격할 수 있고 일본을
불바다로 만들 수 있다'는 정도는 당연히 말할 것입
니다.

일본의 매스컴은 일본 국내에 그 말을 제대로 전해

줄 것입니다.

야 나 이 : 지금의 일본이라면 그것만으로도 벌벌 떨면서, 수
수방관해 버릴 가능성이 있습니다.

케 이 시 : 그렇지요. 그러므로 아무 것도 하지 않겠다고 해서
한국을 죽게 내버려 두는 형태가 될 것입니다. 중국
에 전부 맡기면서 '중국의 중개와 중재에 의해 어느
시점에서 분쟁을 종식시킨다'는 형태로 하려 할 것
이고, 유엔도 포함하여 그렇게 움직이려고 하는 것
이 아닐까라고 생각됩니다.

다만 그것은 진정한 중재가 아니라고 생각됩니다.

5 단속적인 분쟁이 이어지는 한반도

일본은 전략적인 잘못을 반성하지만
여전히 움직이지 않는다

아야오리 : 좀 더 긴 시간의 폭으로 볼 때, 북한이라는 국가의
       '미래' '운명'은 어떻게 전개되겠습니까?
       정말로 남북통일이라는 방향으로 가는 것입니까?
       혹은 내부적으로 국민의 불만이 높아지고 군의 쿠
       데타와 같은 일이 일어나 붕괴되는 것입니까? 5년
       후, 10년 후, 혹은 좀 더 미래일지도 모르겠습니다
       만, 만약 투시되는 모습이 있다면 가르쳐 주셨으면
       합니다만.

케이시 : 예. (약 25초 동안 침묵)
       음……. (약 5초 동안 침묵)

북한은 기본적으로 중유나 식량, 여러 가지 물품을 중국으로부터 차단당하면 국가가 존립할 수 없는 상태이므로 현재는 고립된 상태입니다. 그래서 한국을 당장 전면 제압하기는 무리일 것입니다. 타격은 줄 수 있어도 그것은 무리라고 생각됩니다. 단속적으로 분쟁이 일어나는 긴장 상태 속에서 한동안 파워게임이 계속될 것입니다.

그리고……. (약 5초 동안 침묵)

일본은 후회할 것입니다. 전략적으로 잘못한 것에 대해 후회하고, 시대가 반대회전하고 있었다는 것을 알아차림으로써 그것에 대해서는 반성을 하게 될 것입니다.

오키나와도 시대적으로 반대회전하고 있었다는 것을 반성할 시대가 올 것입니다.

다만 일본은 여전히 구제불능의 나라로 논의만 계속하고 있어서 일이 진전되지 않는다고 할 수 있습니다.

일본은 직접 공격당하지 않는 한 움직이지 않는 면

이 있습니다. 그런 의미에서 '민주주의의 무력화(無力化)'를 느낍니다.

그러니까 현재 한국과 북한의 2개국 간의 분쟁이 예상됩니다만, 극단적인 사태까지는 가지 않고 우선은 단속적으로 분쟁이 일어나 긴장 상태가 계속될 것입니다.

오바마에 의한 김정은 암살계획은
간단히 실현되지 않는다

케 이 시 : 미국은 '일본과의 관계, 한국과의 관계를 어떻게 할 것인가?'를 재고(再考)하지 않으면 안 될 것입니다만, 유감스럽게도 오바마 정권 동안에는 강력한 대응을 할 수 없을 것이라고 봅니다.

여러 가지 테러가 다발하여 미국은 한동안 고민할 것입니다. 오바마 씨에게 아마도 북한의 핵기지를

공격하여 때려 부술 만큼의 용기는 없을 것이라고
생각됩니다.

식량과 돈, 무역 등 여러 가지 제재는 가하겠지만,
수면 아래에서는 중국이 도와주고 있으므로, 기본
적으로 북한이 붕괴될 것 같으면서도 붕괴되지 않
는 상황이라고 생각되는군요.

그러므로 남북한 사이에서 '이스라엘 대 팔레스타
인'과 같은 관계가 한동안 계속될 것입니다.

'장래는 어떻게 되는가?'라는 것입니다만……

(약 15초 동안 침묵)

오바마 씨는 아마 임기 중에 김정은의 암살을 계획
할 것입니다. 다시 말하여 '김정은이 묵는 곳을 특
정하여 미사일 공격을 하거나, 혹은 공정부대로 급
습하여 오사마 빈라덴처럼 처치할 수 없는가?'라는
핀 포인트 공격을 반드시 계획할 것입니다.

다만 좀 늦었다고 생각됩니다. 시기적으로 늦어서
그때는 이미 북한이 대항책을 만든 상태라고 생각
됩니다.

선대의 아버지(김정일)는 생전에 암살을 두려워하고 있었습니다만, 아들의 대(代)에서는 당초에는 그다지 경계하지 않았습니다. 하지만 지금은 경계하기 시작하여 간단히 노릴 수 없도록 대비하고 있으므로 그리 간단히 암살당하지는 않을 것입니다.

미국과의 전쟁은 빨라도 2016년이라고 생각하는 시진핑

야 나 이 : 그런 고착상태는 상당히 긴 기간 동안 계속되는 것입니까?

케 이 시 : 음.

야 나 이 : 일본은 계속 한심한 모습으로 지내는 것입니까?

케 이 시 : 한심한 모습이군요, 예상으로서는.

야 나 이 : 한편 시진핑은 아랍 등 저쪽의…….

케 이 시 : 시진핑은 지금은 아직 '전쟁의 시기'라고는 생각하

지 않습니다. 지금은 위압하고 압력을 가하여 동남아시아 부근을 '중국의 바다'로 바꾸어 가려는 것이 목적입니다.

그러므로 북한의 폭주가 있었다고 해도 일본이나 미국이 거의 아무런 대응도 못한다는 것을 보여줌으로써, 우선 동남아시아 각국이 중국을 두려워하여 나라를 개방하게 되는 상황을 만들려고 할 것입니다.

아무리 빨라도 미국과 전쟁을 할 수 있는 것은 2016년입니다. 보통 2020년까지는 준비에 전념할 것이라고 간주되므로 '그때까지는 미국과 직접 전쟁하는 사태는 피하고 싶다'라는 것이 시진핑의 생각이라고 할 수 있습니다.

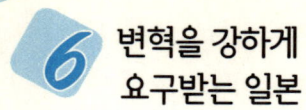

6 변혁을 강하게 요구받는 일본

앞으로 10년 정도 일본의 국론은 바뀌지 않는다

아야오리 : 북한 체제의 붕괴가 있다고 가정한다면 어떤 전개
　　　　　 가 되겠습니까?

케 이 시 : 그것은 있을 수 있다고 생각되는군요.

　　　　　 민중이 굶주린 상태가 너무 심하게 계속되어 군부
　　　　　 내에서 반란분자가 나타날 경우에는 있을 수 있습
　　　　　 니다. 북한의 경우, 미국의 CIA에 의한 공작 등은
　　　　　 별로 효과가 없습니다. 또 중국 쪽에서 김정은을
　　　　　 쓰러뜨리라는 지시는 시진핑의 지배 하에서는 나
　　　　　 오지 않을 것입니다.

　　　　　 그런 지시가 나온다면 심양군구의 군대 쪽에서 나

오겠지요. 어쩌면 일부에서 '북한의 군대를 조종해서 봉기시키자. 쿠데타를 일으키게 하자'라는 움직임이 나올 가능성은 있습니다.

야 나 이 : 북한의 독재체제의 붕괴를 향해 일본이 해야 할 사명, 역할은 대단히 크다고 생각됩니다만, 일본은 어떤 대응을 취해 가야 하겠습니까?

케 이 시 : (약 15초 동안 침묵)

일본은 역시 핵미사일이라도 얻어맞지 않는 한 원칙적으로 바뀌지 않은 채 변함없이 나아갈 겁니다. 앞으로 향후 몇 년에서 10년 정도를 바라보는 한에는, 핵미사일이라도 날아오면 몰라도 기본적으로는 바뀌지 않습니다. 논의는 해도 국론이 바뀌지는 않겠지요.

야 나 이 : 그런 가운데에서 행복실현당은 본격적인 안전보장체제를 확립하기 위해 '국방의 강화'와 '자신의 나라는 스스로 지킨다'라는 호소를 계속해 가겠습니다.

케 이 시 : 일본은 그렇게 생각하지 않습니다. '안전보장을 강화하기 위해 무력을 증강하여 핵무장을 함으로써

평화가 이루어진다'라고 생각하지 않는 것이 일본인이며, '핵무장을 한 북한과 중국은 나쁘지만 그것은 그들의 문제다'라는 식으로 생각하는 나라입니다.

다른 나라를 탓하지 않고, 기본적으로 '미국이 어떻게든 해 주겠지. 유엔이 어떻게든 해 주겠지'라는 데까지 갈 것입니다만, 아마 한국이 독자적으로 북한의 문제를 처리하려고 하기 시작할 것이라고 생각되는군요.

그리고 한국까지 '핵개발을 하자'라고 생각할 무렵이 되면 그때서야 일본도 조금 국론이 흔들리기 시작하는 것이 아닐까라고 생각됩니다.

북한에 백두산 분화 등의 천재지변이
일어날 가능성은?

아야오리 : 전혀 다른 질문입니다만, 예를 들어 북한에서 천재
　　　　　지변이 일어날 가능성은 있습니까? 백두산 분화 등
　　　　　에 대한 소문도 나돌고 있습니다만 저렇게 국민을
　　　　　괴롭히는 나라이므로 언제 천재지변이 일어나도 이
　　　　　상하지 않다는 생각이 듭니다만, 어떻습니까?

케 이 시 : (약 15초 동안 침묵) 어쩐 일인지 일어나지 않는군요.

아야오리 : 예? 그렇습니까?

케 이 시 : 어쩐 일인지 일어나지 않습니다. 일어나지 않는다
　　　　　는 것은 '천재지변에 의해 문제를 해결하라'는 과
　　　　　정이 아니라고 생각되는군요.
　　　　　즉, '이 세상에서 정의란 무엇인가?'를 인간들의 힘
　　　　　에 의해 결정하라는 뜻이라고 생각됩니다.

아야오리 : 미국이 계속 지금과 같은 상태라면, 결국은 '일본
　　　　　이 일어설 외에 방법은 없다'는 것이 되겠습니다

만, 일본이 일어서서 아시아를 바꾸어 가는 미래는 찾아오겠습니까?

케이시 : 다른 아시아 국가에서 여러 가지로 재촉을 당할 것이고 외교는 활발해질 것입니다.

일본은 핵무기를 가진 러시아나 파키스탄, 인도 등과 격렬하게 외교를 하여 만약의 경우에는 핵무기를 가진 나라로 하여금 북한을 견제하게 만들자고 열심히 이익유도를 하게 될 것이라고 생각됩니다만, 역시 지금으로서는 독자적으로 핵무장을 하여 싸운다든지 스스로 나라를 지키자는 전망을 하는 데까지 가려면 향후 몇 년에서 10년 정도는 걸릴 것입니다.

'눈을 떠라'라는 신의 경고로서
일본에 천재지변이 일어난다

야 나 이 : 내버려두면 그와 같은 미래가 전개되어 간다고 예
상됩니다만, 역시 우리 행복실현당이 '자신의 나라
를 스스로 지킬 수 있도록, 핵보유도 포함하여 확실
한 태세를 만들어야만 한다'고 계속 호소함으로써
미래가 바뀔 가능성이 있다고 보고 있습니다. 그 점
에 대해서는 어떻습니까?

케 이 시 : (약 5초 동안 침묵)

이상한 일입니다만 천재지변은 백두산에서 일어나
지 않고 일본에서 일어납니다. 유감스러운 일이지
만 일본의 신은 일본인에게 '눈을 떠라'라는 경고를
주실 것입니다.

요컨대 그와 같은 천재지변에 의해 북한이 자연스
럽게 붕괴된다면 일본은 아무 것도 바뀌지 않고 끝
나겠지요? 그러므로 북한에서는 일어나지 않고 일

본에서 일어날 것입니다.

일본의 신은 일본의 정치가 올바르지 않을 때는 반드시 천재지변을 일으키는 경향이 있어서 '앞으로 10년 정도는 일본에서 여러 가지 사태가 발생한다' 라고 간주해도 좋을 것입니다.

아야오리 : 일본에서 일어나는 천재지변 중에서 무언가 구체적으로 보이는 것이 있습니까?

케 이 시 : 그것은……, 일본 국민이 두려워 할 가능성이 있어서 너무 구체적인 내용은 말하고 싶지 않습니다만, 앞으로 분화, 지진, 해일 및 큰 사고 등이 예상됩니다.

일본은 정체하고 쇠퇴한다는
국민의 인식이 큰 문제

아야오리 : 에드거 케이시 선생님, 일본과 아시아의 미래를 바꾸어 가려고 할 때 가장 중요한 요소를 든다면 무엇

이겠습니까?

케 이 시 : 음……. 역시 일본이라는 나라는 정체하고 쇠퇴하여 외국이 추월한다는 모습을 일본 사람들이 모두 인식하는 것이 큰 문제라고 생각되는군요.

그러므로 일본이 또 한 단계, 2차 대전 후의 발전상과 같은 '힘찬 발전'을 되찾음으로써 아시아 각국이 일본을 경외하고 존경하는 마음을 가지게 될 것이라고 생각됩니다.

군사적인 일은 뒷전이 되어 좀처럼 간단히 이루지 못하겠지만, 어떤 의미로 오바마 정권이 계속되어 미국에 대한 신뢰가 약해짐으로써 조금씩 일본의 국론을 바꾸는 힘이 될 것이라고 여겨지는군요.

다만 유감스럽게도 일본은 외국에 의한 피해가 일어나지 않는 한, 그리 간단하게 바뀌지 않는다고 생각되며, 그 질문에 관해서는 중국의 미래에 대해 리딩을 하지 않으면 충분히 답할 수 없습니다.

하지만 북한에는 일본을 멸망시킬 만큼의 힘은 없다고 판단됩니다.

7 시진핑의 진정한 목적이란

남북한과 중국에 공통적으로 인식되는 일본을 미워하는 의식

아야오리 : 마지막으로 한 가지만 질문 드리겠습니다. 지금 센카쿠(尖閣) 열도의 문제로 중국과 계속 대립하고 있습니다만, 앞으로 이 문제는 어떻게 전개되겠습니까?

케 이 시 : 지금 중국 안에서는 대일전쟁의 논의가 굉장히 고조되고 있다고 생각됩니다.

'일본을 공격하고 싶다'라든지 '도쿄를 점령하고 싶다'는 마음은 중국인에게도, 혹은 북한과 남한 사람에게도 똑같이 잠재적으로 흐르는 의식이지요. '한 번 더 일본인에게 자기네들의 힘으로 패전

을 맛보여주고 싶다'는 마음을 가지고 있다고 생각
합니다. 그 부분이 대단히 어려운 면이지요.

그러므로 남북한에서 싸움이 시작되었다고 해도
'미운 것은 일본이다'는 감정은 서로 똑같이 가지
고 있으며, 중국에도 같은 면이 있어서 요컨대 일
본이 군사확장을 해서 너무 강해진다면, 그 후에
그들은 '일본이 밉다'는 방향을 수습하며 평화를
위장할 가능성이 있습니다. 그것이 가장 어려운 것
이지요.

역사 인식의 부분은 일본 국내에서 만들 수는 있겠
지만 상대의 생각을 바꾸기란 쉽지 않을 것이라고
생각되는군요.

하와이, 페르시아만, 아프리카의
반식민지화가 최종 목표

케 이 시 : 그래서 센카쿠에 대해 여러 가지로 말하고 있습니다만, 시진핑의 생각은 그렇게 작은 것이 아니라, 실은 더 큰 데까지 생각하고 있습니다. 다시 말하여 하와이에서 페르시아만, 그리고 아프리카 부근까지를 반식민지화(半植民地化)하려는 생각을 품고 있으므로 센카쿠라는 곳은 이미 '눈앞의 정원' 정도의 것입니다.

즉, 센카쿠에 구애되지 않고, 센카쿠를 무시해도 그 앞쪽 해역을 계속 제압해 간다면 센카쿠는 자동적으로 중국 손아귀에 들어오게 되지요.

일본이 센카쿠만을 열심히 방위하려고 해도 '센카쿠를 앞질러서 그 앞쪽 해역을 계속 함락해 가면, 센카쿠는 중국의 영토가 된다'는 것이 기본적인 사고방식이지요. 그러므로 센카쿠는 싸우지 않고서도 함락시킬 수 있다고 생각하고 있을 것입니다.

요컨대 필리핀이나 베트남, 인도네시아 등 다른 곳이 몇 군데 있습니다만, 중국이 그들의 바다를 지배해 버린다면 결과적으로 센카쿠 등은 자동적으로 문제없이 중국의 영토가 된다는 사고방식이지요.

물론 그의 머릿속에서는 대만과 홍콩을 완전히 지배할 생각도 가지고 있으므로, 센카쿠는 고양이가 쥐를 놀리는 모습 밖에 되지 않습니다. 그 정도지요.

아야오리 : 감사합니다.

올해 한반도에 커다란 위기가 찾아온다는 것을 똑똑히 알려 주셨습니다.

오오카와 류우호오 : 예. 그러면 이것으로 되겠습니까?

아야오리 : 예.

8 일본이여, 눈을 떠라!

오오카와 류우호오

너무 멀리까지는 보이지 않았고 '북한이 없어진다'는 이야기도, '김정은이 죽는다'는 이야기도 나오지 않았네요. 2020년 정도까지는 혼돈상태여서 별로 좋은 느낌은 아니었습니다. 이것은 '행복실현당의 쾌진격은 그리 간단히 다가오지 않는다'라는 것도 뜻하는 것이 아닐까라고 생각됩니다.

천재지변이 북한에서 일어나지 않고 일본에서 일어난다는 것도 유감스러운 일입니다만 '일본은 눈을 떠야만 한다'는 것일까요?

다음에는 미국의 대통령선거도 있고, 아마 이번에는 공화당이 나올 것이므로 그 시점에서 또 바뀔지도 모르겠습니다.

나아가서는 중국의 문제로 중국에 관해서는 2016년부터 2020년 사이에 아마 승부가 날 것입니다.

그렇다고 해도 일본이라는 나라는 불쌍한 나라네요. 정말로 시간낭비가 많은 나라입니다만, 이것은 논리적으로 생각할 수 없는 사람들이 국가를 다스리고 있기 때문이겠지요.

제 2 부

김일성을 영적으로 조사한다

2013년 2월 14일 수록
일본 도쿄 행복의 과학 종합본부에서

김일성(1877~1945년)

조선민주주의 인민공화국(북한)의 초대 최고지도자. 공산청년동맹을 거쳐서 중국 공산당에 입당하고 항일유격대 조직에 참가하여 항일운동을 전개하였다. 이 무렵에 '백두산 호랑이' '김일성 장군'이라고 불리게 된다. 1940년 소련으로 탈출하여 일본 패전 후인 1945년 10월, 소련 점령 하의 북한에 되돌아와서 1948년 건국 시에 초대 수상으로 취임했다. 그 후 당내 투쟁을 거쳐 조선노동당, 정부, 군 권력을 모두 장악하여 독재체제를 구축했다. 1970년대에는 자주외교 · 자립경제 · 자위국방을 기둥으로 삼은 '주체사상'에 의한 국가건설 노선을 내세웠다.

질 ■ 문 ■ 자

아야오리 지로 (綾織次郎, 행복의 과학 이사 겸 <더 리버티> 편집장)

야나이 힛쇼 (矢內筆勝, 행복실현당 당수)

※수록 시점의 지위임

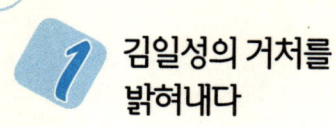

김일성의 거처를 밝혀내다

영언 수록 전에 영계에서의 거처를
조사해 본다

오오카와 류우호오

제1부에서는 '북한'이라고 하는 국가의 운명을 리딩해 보았습니다.

제2부에서는 '북한의 신'이 되어 있다고 여겨지는 김일성을 영적으로 조사하고자 합니다. 우선 처음에는 어디쯤에 있는지를 살펴본 다음에 부르기로 합시다.

북한에서 '건국의 아버지'이며 항일 게릴라전을 전개하여 장군이 되었고 주체사상을 내세워 국가주석이 된 김일성이 사후에 어디로 갔는지, 어디쯤에 있는지를 살펴본 다음, 그 후 영언을 할 수 있다면 수록하고자 합니다.

그러면 탐색하러 가겠습니다.

(눈을 감고 얼굴 앞에서 양쪽 손끝을 합하여 삼각형을 만든 다음 약 15초 동안 침묵)

갱도나 구릉지대에 끊임없이 이어지는
갱도열차의 선로

오오카와 류우호오

시커먼 어둠 속에서 이상하게도 달은 아닌 것 같습니다만, 흰 빛을 띤 것이 둥그런 모양으로 하늘에 떠있는 형태가 지금 희미하게 보입니다.

좀 더 초점을 맞춰 보겠습니다.

(약 10초 동안 침묵)

하얗게 달처럼 보였던 것은, 가까이 가보니 조금 깊이가 있는 물체인 것 같고, 동굴처럼도 보입니다. 좀 더 다가가 보겠습니다.

(약 10초 동안 침묵)

여전히 한복판만이 밝고 주변은 어두컴컴합니다. 그러나 동굴 속을 전진하고 있다는 느낌이 듭니다.

하늘 쪽에 있다고 보이던 그 둥근 물체가 지금 아래를 향해 전진하기 시작했습니다. 석탄을 파내기 위한 갱도와 같은 곳을 내려가는 느낌이 드는데, 2개의 선로 및 갱도열차와 같은 것이 보입니다.

그 갱도열차 뒤를 따라가 보겠습니다.

(약 5초 동안 침묵)

내려가서 오른쪽으로 꺾었습니다. 아직 선로가 보입니다. 오른쪽으로 계속 가고 있습니다. 앞쪽에 출구인지 뭔지는 모르겠습니다만 밝고 둥근 것이 보이는데 아직 갱도를 달려가고 있습니다.

지금 갱도를 나왔습니다. 왼쪽은 30도 정도의 사면이고 오른쪽은 좀 더 높아서 60도 정도의 사면입니다만, 일단 구멍의 바깥쪽으로 나왔습니다. 주변은 작은 구릉으로 작은 언덕과 같은 것이 많이 있습니다.

갱도에서 나왔지만 갱도열차의 선로와 같은 것은 아직 이

어져 있습니다. 그 갱도열차의 선로 밑에는 자갈이 깔려 있습니다만 지금 나는 그 자갈 위에 깔린 선로를 바라보면서 앞으로 나아가고 있습니다.

어디로 가는 것일까요? 일단 지상과 같은 풍경입니다만 주변은 관목(灌木)이라서 별다른 경치는 보이지 않습니다.

왼쪽으로 꺾어지면서 조금 좁아졌는데 또 터널이 있습니다. 그 터널을 지금 빠져나왔습니다. 이것은 콘크리트로 굳힌 형태의 작은 터널입니다. 여기를 빠져나가서 왼쪽으로 꺾이고 그 다음에 오른쪽으로 꺾여서 깊숙한 곳으로 나아갔더니, 도중에 터널이 끝나면서 식물이 우거진 바깥 경치가 20~30미터 정도 보인 다음, 또 터널로 들어갔습니다.

그리고 오른쪽으로 완만한 커브를 돌다가 그 후 조금 내려갑니다. 내려가서……. 길군요. 어디까지 가는 것일까요?

한동안 가다가 다시 조금 오른쪽으로 꺾이면서 내려갔습니다. 이것은 어디까지 가는 것일까? 음.

전방에는 더 이상 밝은 빛은 보이지 않고 컴컴한 갱도가 되었네요. 이제 빛이 없는 곳으로 들어왔습니다.

눈앞에서 또 아래로 떨어집니다.

거기서부터 올라갔다가 조금 지상과 같은 곳으로 나와서, 40~50미터 정도 달렸다가 또 언덕과 같은 곳에 있는 터널로 들어갔습니다.

(약 5초 동안 침묵)

러시아의 교회풍 건물이 보인다

오오카와 류우호오

어디까지 가는 것일까요? 슬슬 최종지점을 보았으면 좋겠습니다만…….

지금 상공에서부터 조금 보이는 물체가 있습니다. 상공에서 건물이 하나 보이는데 다소 교회풍입니다만 보통 지붕은 아닙니다. 러시아에 세워진 것과 닮은 형태의 교회와 같은 건물입니다. 녹청색의 첨탑이 붙은 뾰족한 교회와 같은 건물이 지금 눈 아래에 보입니다.

조금 아래로 내려가 보겠습니다.

겉모습은 일단 교회와 비슷하네요. 입구에는 큰 나무의 문이 있습니다. 철 고리와 같은 것이 두 개 붙어 있고 그것을 당겨서 열 수 있게 만들어진 나무로 된 문입니다. 교회풍의 건물입니다.

안으로 들어가 보겠습니다.

(약 10초 동안 침묵)

영계에서 게와 거미를 합친 괴물이 되어 있었던 김일성

오오카와 류우호오

안쪽은 어두워서 아직 잘 보이지 않습니다. 어두워서 잘 보이지 않습니다만 엷은 귤색의 물체가 두 개 보입니다. 아래쪽에도 조금씩 빛나는 것이 있습니다. 똑같이 귤색입니다만 다소 작은 물체인 것 같습니다. 무언가 마디와 같은 것이 빛나고 있다는 느낌이 듭니다. 왼쪽에 하나, 둘, 세 개 있고 오른쪽

89

에도 있습니다.

위에 있는 두 개의 귤색 물체는 '눈' 일까요?

아래로 있는 것은……, 이것은 다리네요. 다리가 합계 6개
나 있습니다. 그것은 무릎을 꿇었을 때처럼 접힌 다리입니다
만 그 다리의 무릎마디의 부분이 눈과 같은 형태로 귤색 빛을
내고 있습니다.

좀 더 초점을 맞춰 보겠습니다. '적외선 형의 눈'으로 바꾸
지 않으면 잘 보이지 않으므로 조금 시각을 바꿔 보겠습니다.

'정체를 드러내어라.'

(약 5초 동안 침묵)

이 생물은 무엇인가? 음. 이 생물은 무엇인가?

큰 눈이 두 개 있습니다. 게의 눈처럼 생긴 눈입니다. 그리
고 다리가 제법 많습니다. 뭐라고 할까요, 게의 다리와 같은
것을 상상하면 좋을 것 같습니다. 다리는 6개나 있습니다만
그 결절(結節) 부분에 눈과 같은 것이 붙어 있습니다. 그러므
로 눈과 같은 밝은 빛을 내는 것이 합계 8개나 있습니다.

어둠 속에 숨어 있습니다만 좀 더 명확한 모습을 살펴보
겠습니다.

게와 거미네요. 거미라는 말은 거미집을 치는 거미를 말합니다. 이것은 게와 거미를 합친 것과 같은 생물입니다.

지금 그 뒤쪽을 보고 있습니다만, 뒤쪽은 확실히 게의 등껍데기 같기도 하고 거미 같기도 합니다.

다리가 6개이며 큰 눈을 가지고 있고, 입 근처에는 작은 촉각과 같은 것이 좌우로 2개씩, 합계 4개나 나와 있습니다. 입의 부분은 게라기보다는 곤충을 닮았다는 느낌이 더 듭니다.

이것이 김일성의 모습일까요? 어쩐지 괴물처럼 변해 있네요.

김일성입니까? 김일성 씨가 맞습니까?

응시하고 있으면, 안쪽에 김정은의 옆머리를 깎아 올린 얼굴이 보이므로, 영적으로 이어져 있는 것이겠지요.

김일성은 괴물이 되어 있습니다. 괴물이네요. 여기는 산에 있는 동굴과 같은 분위기이므로 백두산입니까? 백두산과 같은 느낌입니다.

전체 길이는 어느 정도가 됩니까? 전체 길이가 10미터 정도는 될까? 그 정도 크기의 괴물이네요. 게와 거미를 합친 것 같은 괴물이 되어 있습니다.

일단, 교회를 닮은 건물 안이었지만 결국은 역시 어둠 속에

있었네요.

하지만 그를 응시하고 있으면 뒤쪽에 김정은의 얼굴 등이 보이므로 영적으로 이어져 있는 것이라고 생각됩니다.

이것과 닮은 것은 통일교의 교주(수호령)인 타란툴라 형일까요(≪종교 결단의 시대≫ : 행복의 과학 출판 간행 참조), 모습이 조금 닮았습니다. 저쪽은 더 분명한 모습을 한 거미였습니다만 이쪽은 거미 바로 그 자체라기보다는 '약간 게를 닮은 거미'네요.

게를 닮은 것은 아마 전투성을 띠었다고 할까, 전쟁 등을 뜻하는 것이 아닐까요? 즉, 갑옷이나 뾰족한 무기를 뜻하는 것이 아닐까라고 생각됩니다.

이것이 김일성의 모습입니다.

김일성이 숨어 있던 장소는 틀림없이 지옥

오오카와 류우호오

이런 모습입니다만 불러도 괜찮겠습니까?

아야오리

예.

오오카와 류우호오

괴물이기는 하지만 무언가 말은 할 것입니다.

아야오리

김정은을 지도하고 있는 것이라면 그 사고방식에 대해 듣고 싶습니다.

오오카와 류우호오

지도하고 있습니다.

이것은 백두산 부근의 지하네요. 하느님이 된 것과 같은 느낌으로 지내고 있습니다.

통일교의 교주(수호령)의 영체(靈體)와 매우 닮은 형태입니다만 게의 모습에 가까웠으므로 조금은 다릅니다. 등껍데기가 단단하고 뾰족하여 상대를 다치게 할 수 있는 것 같습니다. 이것은 군사적인 능력을 가졌다는 것을 뜻한다고 생각됩니다.

통일교의 교주와 형태가 닮은 것을 보니, 역시 '사람을 속이고 칭칭 묶어서 포획하는 경향성을 가지고 있다'는 것일까요?

틀림없이 지옥입니다.

아야오리

교회풍의 건물은 무엇을 상징하고 있습니까?

오오카와 류우호오

모르겠습니다. 봉인되었는지 아닌지는 모르겠습니다만, 교회풍으로 보였던 것은 '하느님으로서 모셔지고 있다' '북한의 하느님이 되어 있다'는 것을 뜻할지도 모르겠네요. 그런 느낌으로 보였습니다.

다소 러시아풍의 건물 안처럼 보였습니다만, 일단 그는 지옥에 있는 괴물입니다.

오오카와 류우호오

그러면 불러보겠습니다.

(질문자에게) 열심히 질문해 주겠습니까? 내가 김일성의 영언을 해야 하므로 너무 추태를 보이지 않기를 바라고 싶습니다만 분발하겠습니다.

이럴 때는 다른 채널러(channeler, 영매)를 불러서 그 사람에게 김일성의 영을 넣는 편이 좋습니다만, 이번에는 국가 주석이고, 실언(失言)을 하면 중요한 문제를 일으킬 수도 있어서 역시 정밀도가 중요합니다. 따라서 내가 스스로 하겠습니다.

보기 흉한 모습은 될 수 있는 대로 보여주고 싶지 않으므로 코바야시 소켄(小林悟賢) 부이사장이 하는 형태로 산뜻하게 행하고 싶습니다만(웃음, 회장에서도 웃음).

(눈을 감고 합장한다)

북한의 초대 국가지도자인 김일성의 영을, 행복의 과학 종합본부에 부르고자 합니다.

김일성의 영이여, 김일성의 영이여, 김일성의 영이여.

부디 행복의 과학 종합본부에 내려와 우리에게 그 의견을 전해 주소서.

김일성의 영이여, 김일성의 영이여.

부디 행복의 과학 종합본부에 내려와 우리에게 그 생각을 전해 주소서. 우리에게 질문할 기회를 주소서.

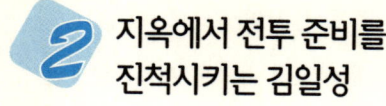

2 지옥에서 전투 준비를 진척시키는 김일성

영체의 모습은 무력혁명을 늘 뜻하고 있다는 의사표시인가

김일성 영 : 얏. 하하하하하하. 핫핫핫핫핫핫하. 뭐냐?

아야오리 : 안녕하십니까?

김일성 영 : 뭐냐?

아야오리 : 대단히 건강하신 모양입니다만.

김일성 영 : '장군님'이라든가 존칭은 없는 거냐?

아야오리 : 지금도 '장군님'이라고 불러도 괜찮습니까?

김일성 영 : '주석님'이라도 좋지만 '장군님' 쪽이 기분이 좋다.

아야오리 : 그러면 '김일성 장군'이라고 부르겠습니다만, 지금도 아마 북한의 지도부를 지도하고 계시리라 생각됩니다.

김일성 영 : 물론이다.

아야오리 : 그래서 장군님 자신의 현재의 의도와 계획 등을 가르쳐 주셨으면 해서 오늘 초대를 하였습니다.

김일성 영 : 자네 말투가 상당히 정중하구나. 좋다.

아야오리 : 그 전에 지금 계신 장소에 대해 확인하고 싶습니다만, 조금 인간과 같은 모습이 아니신…….

김일성 영 : 그건 인간이 아니다. 하느님이니까 당연하지.

아야오리 : 하느님의 모습을 하고 있는 상태입니까?

김일성 영 : 하느님이다. 인간이 아니다.

아야오리 : 거미와 게가 합체한 것과 같은 모습이라고 들었습니다만.

김일성 영 : 그건 주관적이니까 잘 모르겠지만, 어쨌든 뭐라고 할까, 역시 무력혁명을 늘 뜻하고 있다는 의사표시다.

아야오리 : 장군님 자신께서는 스스로가 어떤 모습으로 보이십니까?

김일성 영 : 뭐?

아야오리 : 역시 무장한 모습입니까?

김일성 영 : 아니, 나는 '금으로 된 동상'같은 모습으로 서 있다
　　　　　고 생각하는데.

아야오리 : 아, 예.

김일성 영 : 그런 느낌이다. 응. 그런 느낌이다.

김정일 총서기의 영은 가까운 곳에 있지만 아직 항일전 훈련 중

아야오리 : 자주 이야기를 주고받는 분은 계십니까?

김일성 영 : 하느님이 되었으니까 이야기를 주고받는 사람이
　　　　　있는 경우는 별로 없지 않을까?

아야오리 : 그러면 아는 분이라고 할까, '가까운 곳에 누군가가
　　　　　있다'는 상태가 아니라는 말씀입니까?

김일성 영 : 아들(김정일)이 죽었던가? 얼마 전이구나.

아야오리 : 그렇지요.

김일성 영 : 이제부터 조금 가르쳐 줘야 할 시기다. 후계자로서

말이다. 음.

아야오리 : 김정일 총서기는 가까이 계십니까?

김일성 영 : 아직 조금 가르치는 도중이라서 훈련하지 않으면
　　　　　안 된다. 역시 무슨 일이든 훈련이 중요하고, 항일
　　　　　전의 훈련이라는 건 중요하니까.

일본군과 싸우기 위한 지하도를 만들고 있다

김일성 영 : 어쨌든 지금은 열심히 구멍을 파야만 한다.

아야오리 : 예?

김일성 영 : 구멍을 파서 몸을 숨겨야만 한다. 공격을 견뎌내야
　　　　　하니까. 일본군은 정말로 괘씸한 짓을 많이 저지르
　　　　　기 때문에 사방팔방으로 통하는 지하도를 파서 몸
　　　　　을 숨겨 어디서라도 나갔다가 공격하고 반격할 수
　　　　　있는 태세를 만들어야만 한다.

　　　　　역시 베트남전쟁에서 베트콩(남베트남 해방민족전

선)이 슬기롭게 미군을 격파한 작전, 역시 그것이 가장 좋구나.

다시 말해서, 지하에 미궁과 같은 통로를 만들어 두면 일본군이 어디서 공격해 와도 도망칠 수 있고 배후에서 습격할 수도 있다. 상대는 모른다. 그런 움직임은 중요하지.

그러니까 지금 우리는 주력해서 지하 통로를 잇는 터널을 만들고 있다. 너희한테 그 지도가 손에 들어가지 못하도록 하고 싶다고 바라고 있지.

아야오리 : 조금 전 영상에 나왔던 터널은 전부 이어져 있습니까?

김일성 영 : 그렇다. 여러 지하도가 필요하기 때문이지.

젊고 우수한 김정은이라면 한국과 일본을 뺏을 수 있다는 의도

아야오리 : 지금 그런 전투 준비를 하시는 상태라고 여겨집니

다만, 최근에는 며칠 전에 북한이 세 번째 핵실험을 성공시켰습니다. 핵보유에 대해서는 상당히 옛날부터 계획을 가지고 있었으므로 이에 대해서도 지도하고 계시다고 생각됩니다만, 그 목적은 어디에 있습니까?

김일성 영 : 우수한 후계자가 있어서 정말 행복하구나. 드디어 나의 본래 희망이 이루어지는 시기가 가까워졌다. 아직 젊은 지도자니까 말이지. 음. 젊고 우수하다. 저 젊음으로 남조선을 빼앗고 일본을 뺏을 정도까지는 갈 수 있지 않을까?

아야오리 : 김정은 제일서기는 김일성 장군을 대단히 의식하는 것 같습니다.

김일성 영 : 그럴 것이다. 역시 '재래'를 이미지하는 중이라고 생각되는구나.

아야오리 : 머리 모양도 옆머리를 깎아서 김일성 장군과 닮은 모습으로 하고 있습니다.

김일성 영 : 그렇군. 음. 자네는 상당히 박식하고 언행도 좋구나.

아야오리 : 아, 감사합니다.

김일성 영 : 어떠냐? 북조선으로 망명하지 않겠는가?

아야오리 : (쓴웃음) 아니, 아니오. 그것만은 철회해 주셨으면
합니다.

김일성 영 : 보도관으로 채용하고 싶구나.

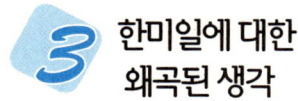

3 한미일에 대한 왜곡된 생각

북한은 정말로 핵미사일을 미국에 쏠 것인가

아야오리 : 앞으로의 전개입니다만 북한은 미사일도 가졌습니다. 이것은 '사정 1만 킬로미터여서 미국에도 도달한다'라고 말해지고 있습니다.

김일성 영 : 음.

아야오리 : 이 핵미사일을 사용하여 미국을 위협할 생각을 하고 계십니까?

김일성 영 : '드디어 미국을 위협하는 단계까지 왔다'는 것은 대단한 일이다.

'해병대가 상륙할 때 이미 오바마의 본거지인 시카고가 불타고 있다'는 따위의 일은 재미있지 않은가? 속이 시원해지지.

아야오리 : 그것은 생전부터 죽 노리고 계획되었던 셈이군요.

김일성 영 : 역시 조금은 미국에도 쏴야만 속이 시원해지잖나? 결판을 내주겠다. 38선에서 휴전했을 뿐이니까 말이지. 전쟁이 끝난 것은 아니다. 휴전한 것이다. 드디어 결판을 낼 때가 왔구나. 3대째가 돼서 드디어 결판을 낼 때가 왔다.

아야오리 : 과연.

사흘 만에 한국 점령은 끝난다고 호언하는 김일성의 영

아야오리 : 아까 북한의 미래를 투시하여 리딩을 했더니 한국과 교전 상태가 되는 미래가 머지않아 찾아오는 것 같았습니다만.

김일성 영 : 아니, 그런 교전 상태 따위에 들어갈 리가 없지 않은가? 남조선 정도는 일격이면 끝난다.

아야오리 : 아, 그렇습니까?

김일성 영 : 그런 건 일격으로 끝내 버린다. 사흘만 있으면 남
조선 점령은 끝나지. 사흘이다. 남조선이 3일 이상
버틸 리가 없잖나? 당연한 일이야?

아야오리 : 한국을 점령하고 통일을 이루시겠습니까?

김일성 영 : 당연하지 않나? 하지만 남조선에는 인구가 많으니
까 저 놈들을 노예와 같은 하층의 군인으로 만들어
서 전투에 써야겠구나. 우리 북조선 인민은 귀족계
급으로 만들고 남조선 국민을 전부 전투원으로 바
꾸지 않고, 일부는 일을 시켜서 공물을 바치게끔
만들어야만 해.

그러므로 우리가 로마 시민이고 그들은 아프리카
에서 데리고 온 노예와 같은 식으로 하지 않으면
안 되겠구나.

도쿄 대학살을 저질러서 일본 여성을
종군위안부로 만들 계획

아야오리 : 그 계획에는 일본도 들어 있습니까?

김일성 영 : 일본도 당연히 반성시켜야만 한다. 일제의 한일합
방 삼십 몇 년의 죄값이지. 역시 일본인에게도 뭔
가 하지 않으면 안 돼.

난징(南京) 대학살이 아닌 '도쿄 대학살'도 한 번은
하지 않으면 안 될 것이고, 일본 여성들도 '종군위
안부'로 써주고 싶구나. 음.

데리고 와서 전부 북조선에서 우라늄이라도 파내
게 하고 싶구나.

아야오리 : 남북을 통일한 다음 일본을 어떤 상태에 두고자 생
각합니까?

김일성 영 : 일단 '금고'라고 생각하지. 금고라고 생각하고 있
으니까 일본인이 공물을 바치러 오는 것이 도리겠
지.

과거의 배상금 문제조차 아직 끝나지 않았다. 배상도 끝나지 않았지.

북조선이 이렇게 가난해진 것은 일본이 우리나라를 철저히 짓밟고 중국까지 짓밟았기 때문이다. 그 탓으로 이렇게 발전이 늦어졌으니 일본은 모든 재산을 바쳐서 다시 한 번 무일푼에서, 구석기시대부터 다시 시작할 생각으로 살아가는 쪽이 좋을 것이다.

한국은 미일의 위안부로 화해서 돈을 벌었다고 하는 잘못된 생각

아야오리 : 굳이 반론을 한다면……
김일성 영 : 군 보도관이 되지 못해, 반론을 하면.
아야오리 : 아니, 그것은 괜찮습니다.
김일성 영 : 음?

아야오리 : 한국도 똑같은 상태에 놓였으면서도 2차 대전 후 발전했으므로 어느 정도 김일성 장군의 책임도 있다고 생각합니다.

김일성 영 : 그것은 필시 미국에서 뇌물을 많이 받았기 때문이다. 역시 정의를 관철하지 않으면 안 되는 것이지. 자네들의 정당(행복실현당)과 똑같다. 우리는 정의를 관철했기 때문에 가난한 생활에 만족하고 있는 것이지.

하지만 남조선은 정의를 관철하지 않고 '위안부'로 화했던 것이지. 일본과 미국의 위안부로 화하여 돈을 벌었던 것이다. 그것으로 남조선은 발전한 것이다.

우리는 정의를 관철했기 때문에 지금 자네들과 비슷한 처지가 되어 고생하는 셈이지.

북한을 응원한 아사히신문은 옳았다고 단언

야 나 이 : 행복실현당의 야나이입니다.

지금 '정의'라는 말을 사용하셨습니다만 국가의 위 정자로서의 정의란 역시 '국민의 행복'이 최대의 정의라고 생각됩니다. 하지만 당신이 지도하시는 북한 속에서는 국민은 대단히 불행한 상황에 놓여 있습니다.

김일성 영 : 그럴 리가 없다. 그것은 자네의 편견이다. 그것을 '편견'이라고 하는 것이지.

야 나 이 : 굶주림, 강제 수용소, 학살……

김일성 영 : 자네 말이지, 아주 오랜 옛날에 세뇌 당했구나. 빨 리 제대로 정신 차리도록 하라. 정신을 잘 가다듬 어서 2차 대전 후에 아사히신문에서 해왔던 주장 을 다시 한 번 공부해서 마음을 고쳐먹고 참회하 라(야나이는 원래 아사히신문의 기자였음). 신문사 앞 에서 가두연설을 하는 게 아니라 진심으로 사과해

야 한다.

이렇게(무릎을 꿇고 사죄하는 모습을 취한다) 다다미를 가져가서 다다미를 깔고 하얀 옷을 입고 할복하는 모습을 하면서 '나는 배신했습니다. 잘못했습니다. 북조선은 옳았습니다. 북조선을 응원한 아사히신문은 옳았습니다. 중국은 옳았습니다. 일본은 틀렸습니다'라고. 당신은 이것을 해야 한다.

강제 수용소는 세뇌를 풀기 위한 영빈관이라고 끝까지 우기는 답답함

아야오리 : 강제 수용소는 불행의 극치입니다만 이것은 김일성 장군이 마련한 것입니다.

김일성 영 : 강제 수용소? 그런 건 없다. 게스트하우스밖에 없다.

아야오리 : 아닙니다. 이것은 미국의 인공위성으로도 밝혀졌습니다.

김일성 영 : 아니, 그건 그들이 멋대로 한 말이며 우리한테 강제
수용소 따윈 없다. '게스트하우스'는 가지고 있지
만…….

아야오리 : 거기서 탈출한 사람들도 있고…….

김일성 영 : '영빈관'이지.

아야오리 : 영빈관입니까? 여기에 몇십만 명의 사람들이 강제
수용되어 극빈생활로 제대로 된 끼니도 주지 않고
…….

김일성 영 : 그렇다. 세뇌를 당한 사람들의 세뇌를 풀어주지 않
으면 안 되니까 병원에 넣어야 하는데, 병원보다
도 더 좋은 시설로 보내준 것이지. 세뇌를 풀어주
지 않으면 서양식 생각으로 행동하거나 해서 북조
선의 사상을 '틀렸다'라고 생각하는 놈들이 나오는
것이지. 이런 놈들한테는 조금 세뇌를 푸는 조치를
취해서…….

아사히신문은 조선일보를 대신하는 것인가

아야오리 : 어떤 인간이 바람직하겠습니까?

김일성 영 : 아사히신문의 전통적인 주장을 정의로 삼고 일본, 혹은 미국을 반성시키며 남조선의 배신에 대해서도 반성을 시키는 것이 중요하다.

야 나 이 : 자기네들의 권력과 영화를 위해 국민을 노예로 전락시키고 있다고밖에 보이지 않습니다. 당신에게 있어 국민은 어떤 존재입니까?

김일성 영 : 자네들, 북조선에 와서 영화를 보면 좋겠다. 일본인이 어떤 나쁜 모습으로 악역을 맡고 있는지, 모두 그런 영화만 보고 있으니까 말이지. 남조선도 그렇고 중국도 그렇지만 말이다.

일본인이 영화에 나올 때는 은행강도와 같은 자들뿐이지. 대단히 징그러운 악인들만 나와서 모두 '어떻게 싸워서 그들을 때려눕힐 것인가?'를 기대하면서 보는 것이다.

일본이 자기 이미지를 바꾸는 쪽이 좋겠다. 잘못되었으니까.

야 나 이 : 역시 아사히신문 식의 역사관이 있어서 일본은 과거에 나쁜 짓을 했다라는…….

김일성 영 : 그것은 그렇지. 저건 조선일보를 대신하는 것이지 않나?

일본의 통합에 의해 경제적 · 문화적으로 크게 발전한 한반도

야 나 이 : 다만 당시의 국제정치를 세계사적으로 본다면 '만약에 일본이 한국을 합병하지 않았다면 틀림없이 한반도는 러시아의 식민지가 되어 비참한 상황에 몰렸을 것이다'라고 생각합니다. 지금 세계사적으로도 이것이 옳은 견해다고 말해지기 시작하고 있습니다.

김일성 영 : 일본보다는 나을지도 모르지 않나? 러시아 쪽이 먹을 것을 많이 줄지도 모르니 일본보다는 더 나을지도 모르지.

야 나 이 : 그래도 일본의 통치에 의해 한반도는 경제적으로도 문화적으로도 대단히 발전했습니다.

김일성 영 : 그건 일본이 말하는 소리다. 우리가 지금 가난한 것을 보면 원래가 그렇게 풍요로웠을 리가 없지 않은가? 착취당한 거다, 착취.

가장 더러운 노동이 강요되어서 착취당한 것이다.

야 나 이 : '일본의 통치에 의한 은혜는 대단히 컸다'고 세계사적으로는 인정받고 있습니다. 반일을 강조하지 않으면 국민을 지배할 수 없다는 논리 속에서 당신은 상당히 열심히 해오셨다고 생각됩니다만.

김일성 영 : 뭐야, 자네? '영웅'인 것이지. 일본한테 철저히 빼앗겨서 말이지. 이미 나라도 빼앗겼고 이름도 빼앗겨서 중요한 곳을 전부 제압당했고, 게다가 중국에까지 악질적으로 공격해 들어간 일본과 싸워서 항일을 하여 나라를 독립시킨 나는 이미 '영웅

중의 영웅' '신 중의 신'이다. 그 이상의 사람이 있을 까닭이 없지 않은가?

전혀 다른 사람이 김일성 장군인 체했다?

아야오리 : 그 항일의 부분입니다만 '김일성 장군'이라는 것은 실제로는 달리 존재했고, 전혀 다른 사람이 김일성 장군인 체해서 북한에…….

김일성 영 : 자네, 그건 만화를 너무 많이 읽어서 그런 소리를 하는 것이다.

아야오리 : 아니, 아닙니다.

김일성 영 : 만화를 너무 많이 읽은 것이다. 미국의 그런 것에 속으면 안 된다. 주의해.

아야오리 : '실제로는 연대가 틀리다'라는 설(說)이 있어서 …….

김일성 영 : 훌륭한 자는 전부 나란 말이다. 그러니까 관계없

는 것이지.

아야오리 : 훌륭한 자는 무조건 자기자신이라는 거군요.

김일성 영 : 전부 나다. 모든 것은 나의 공훈이니까.

야 나 이 : 평양에서 처음으로 연설하셨을 때 대영웅이 연설
하는 줄 알았더니 '대단히 한심한 연설이었다'라
는 이야기였습니다만.

김일성 영 : 자네는 아사히신문을 배반했기 때문에 그런 발언
을 하는 것이지. 아사히신문의 기자라면 기사를
그렇게 쓸 수 없어. '엄숙하고 정연하게 연설을 했
다'는 기사가 돼야 한다.

야 나 이 : '정말로 이 사람이 영웅인가? 라고 생각되는 연설
이었다'라고 기록에는 남아 있습니다.

김일성 영 : 오바마도 연설에 실패하는 일은 있으니까 말이지.
이런 쓸데없는 소리는 하는 게 아냐.

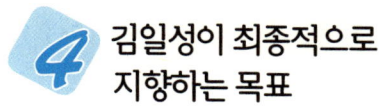

4 김일성이 최종적으로 지향하는 목표

한국인을 사무총장으로 추대하는 유엔은 북한의 적이다

아야오리 : 그런데 중국과의 관계에 대해 여쭙고 싶습니다만.

김일성 영 : 중국이군. 응, 응.

아야오리 : 북한은 가난하다는 이야기였지만 실제로는 식량과 에너지를 중국에서 공급받고 겨우 나라가 성립되어 있는 상태라고 생각됩니다. 이것은 김일성 장군의 시대부터······.

김일성 영 : 이건 음모이며 지금 국제사회가 서로 짜고 있으니까 말이지. 남조선의 인간을 유엔 사무총장으로 앉힌다는 것 자체가 철저한 따돌림이다. 이런 것은 정말로 있어서는 안 되는 일이다. 남조선 사람

을 사무총장으로 추대한다는 건 기본적으로 '유엔은 북조선의 적'이라는 것이지.

유엔에 100개국인지 200개국인지 들어 있겠지만, 전부 북조선의 적이고 전부 한통속이라고 생각하니까, 국제여론 따윈 이제 전혀 들을 마음이 없다.

한미일을 물리쳐서 중국의 라이벌을 지향한다?

아야오리 : 중국의 원조를 받고 겨우 국가가 유지된 상태에 대해 스스로 어떻게 생각하십니까?

김일성 영 : 옛날부터 그렇기 때문에 어쩔 수 없지 않은가?

아야오리 : '어쩔 수 없다'입니까?

김일성 영 : 나의 대(代)부터 그런 것이 아니라 옛날부터 중국과는 그런 관계였으니까 어쩔 수 없지 않나?

아야오리 : 기본적으로 중국이 하라는 대로 하는 셈이네요.

김일성 영 : 대국이니까 어쩔 수 없지 않나? 크고, 자원도 있고,

인구도 많고, 군사력도 있기 때문에 말이지.

미국 옆에 있는 멕시코와 같은 상태니까, 북조선은 미국 옆의 멕시코 정도……? 기껏해야 미국에 밀접한 멕시코와 같은 상태이지만, 미국에 대한 의존은 강해지지.

아야오리 : 중국의 경우는 시진핑 씨가 우두머리가 되어 세계 제국을 만든다는 국가목표가 조금씩 밝혀지고 있습니다만 북한은 여기에 들러붙는 형태가 되는 것입니까?

김일성 영 : 아니, '들러붙는다'라기보다는 역시 라이벌이 되고 싶구나. 응.

아야오리 : 아, 그렇습니까?

김일성 영 : 라이벌이 되고 싶다. 그러니까 우리도 횃불을 밝히고 싶구나.

북조선이 독자적인 힘으로 남조선·일본·미국을 쳐부수는 모습을 보여주고 싶다. 그러면 주도권을 쥘 수 있으니까 중국도 북조선에 경의를 표하게 되겠지.

이란과 파키스탄과는 '적의 적은 아군'이라는 관계

아야오리 : 그리고 대외관계 부분에서 말한다면 핵개발, 혹은
　　　　　미사일 개발 부분에서 이란, 파키스탄 등과의 관계
　　　　　가 대단히 돈독한 것 같습니다만.

김일성 영 : 그것은 그렇지. 친구 정도는 조금 만들고 있지. 그
　　　　　건 그래야지.

아야오리 : '거의 동맹관계에 있다'라고 생각해도 좋습니까?

김일성 영 : 뭐, 동맹이라기보다 '적의 적은 아군'이다. 기본적으
　　　　　로 적의 적은 아군이 되니까 말이다.

　　　　　북조선을 멸망시킬 나라는 최종적으로는 미국밖
　　　　　에 없지 않나? 그러니까 미국의 적이 되는 곳은 기
　　　　　본적으로 아군이지. 그런 면에서 파키스탄이나 이
　　　　　란은 대단히 중요한 나라지.

핵미사일을 쏠 수 있는 북한은
미국과 대등하다고 호언

아야오리 : 최종적으로 미국을 쓰러뜨린다는 것은 조금 전에 말씀하신 핵미사일을 정말로…….

김일성 영 : 지금도 쓰러뜨릴 수 있다. 언제든지 쓰러뜨릴 수 있지.

아야오리 : 언제든지 쓰러뜨릴 수 있습니까?

김일성 영 : 응. 언제든지 쓰러뜨릴 수 있는 태세에 들어갔다.

아야오리 : 오바마 대통령에 대해서는 어떻게 보고 계십니까?

김일성 영 : 하와이의 지사(知事) 정도 하고 있었더라면 좋지 않았을까? 그런 느낌이군.

야 나 이 : '미국을 쓰러뜨린다'고 말씀하셨습니다만 세계 넘버원의 국가와 세계 최빈곤국과는 군사적으로도 경제적으로도 전혀 상대가 안 된다고 생각합니다만.

김일성 영 : 자네, 이라크의 아니, 이라크가 아냐, 잘못 말했다. 오사마 빈라덴? 잘은 모르지만 미국의 여객기를

납치하고 돌격하여 게릴라 테러 같은 시시한 짓을 나는 하지 않는다.

'국가 대(對) 국가'로서의 정정당당한 싸움이니까 당당하게 핵미사일을 처박아 주겠다. 시시한 조직과 똑같이 취급하지 말라. 저걸로 '아랍의 맹주' 따위로 말하고 있지 않나? 이 몸은 훨씬 그것을 넘었단 말이다.

그러니까 미국을 쓰러뜨리면 일본 따윈 이제 완전히 노예상태가 되겠구나. 싸울 기력 따윈 없으니까 헌법 9조 따윈 없어질 상황이 아니지. 자네, '헌법 9조를 없애자'라니 터무니없다. 헌법 9조는 이제 9조에서 1조로 이동하게 될 거다. 아마도 말이지. '천황제'를 대신해서 '일본은 완전히 전쟁을 포기, 군비를 포기한다'는 것이 헌법 1조에 나온다. 이제 곧 그런 나라가 될 거다.

야 나 이 : 너무 미국을 우습게 보면 사담 후세인처럼 역습을 받고 나라가 멸망한다고 쉽게 상상할 수 있습니다만.

김일성 영 : 아니, 나라가 다르다. 이쪽은 이미 핵미사일, 탄도
미사일로 우주공간에서도 공격할 수 있단 말이다.
그러니 이제 완전히 대등하다. 핵을 가지면 선제
공격을 한 쪽이 이기는 거지, 늦은 쪽이 패배한 거
다. 핵무기는 먼저 쏘면 그것으로 끝이지. 그런 거
다. 그것이 '선군정치(先軍政治)'의 의미지.

김일성이 가장 미운 나라는 일본

야 나 이 : 당신은 지금 '미국은 적이다'고 말하십니다만…….
김일성 영 : 응. 적이지.
야 나 이 : 이번에 '김정은은 미국에 도달하는 소형화한 핵미
사일을 개발했다'라고 전해지고 있습니다.
김일성 영 : 훌륭하다. 훌륭해.
야 나 이 : 그것은 어떤 의미로 '미국에 대해 확실히 화살 끝
을 돌리면서도 진짜 목적은 또 다른 곳에 있는 게

아닐까?'라고도 생각됩니다만.

김일성 영 : 역시 국제질서는 바꾸지 않으면 안 되겠구나. 북조
선에서 유엔 사무총장을 하면 좋겠다. '세계의 나
라를 북조선 중심으로 조립한다'라는 국제질서라
면 허용되지만 '남조선을 중심으로 한다'는 것은
허용할 수 없구나.

야 나 이 : 역시 가장 미운 나라는 한국입니까?

김일성 영 : 아니, 그렇지는 않아.

야 나 이 : 그러면 일본입니까? 미국입니까?

김일성 영 : 가장 미운 건 그야 일본이지.

야 나 이 : 일본입니까?

김일성 영 : 그건 당연히 일본이지. 가장 미운 나라는 일본이
지. 그러나 미국이 일본을 받쳐주기 때문에 미국
도 미운 셈이지.

일본인에게 북쪽의 우라늄 광맥을 35년은
파내게 하고 싶다는 소망

야 나 이 : 그러면 이번에 미국에 장거리 탄도 미사일이 도달
　　　　　할 수 있게 됨으로써, 극동에서 유사(有事)한 상황
　　　　　이 일어날 때 미국이 참전하기 매우 어려운 상황,
　　　　　즉 미일동맹이 기능하기 어려운 상황이 생긴 셈이
　　　　　군요.

김일성 영 : 미국은 정말로 겁이 많다. 미국인은 100명 정도 죽
　　　　　는 것이 무서워서 바로 도망쳐 가는 나라니까 말
　　　　　이다.

　　　　　요전의 테러로 3000명 정도 죽은 것을 가지고 저
　　　　　렇게 시끄럽게 떠들고 있지 않나? 몇십만 명인가
　　　　　죽는 실험을 하는 쪽이 좋지. 그리고 정신을 단련
　　　　　해야만 한다.

야 나 이 : 그런 미국의 현실은 있을 수 있다고 봅니다만, 미
　　　　　일동맹에 쐐기를 박음으로써 당신의 나라가 노리

는 것은 '최종적으로는 일본'이라는 견해를 알 수 있습니다.

김일성 영 : '일본을 노리고 있다'는 것은 아니지만, 역사의 잘못은 바로잡아야 한다고 생각하지. 역사가 잘못된 쪽으로 흔들렸던 곳에 수정을 하지 않으면 안 되니까 흔들린 만큼 반대쪽에 대해서도 제대로 경험시켜 줘야만 한다.

자네들 일본인은 북조선에 들어와서 모두 운반도구를 짊어지고 우라늄 광맥을 35년 정도 파도록 하라. 그렇게 하면 역사는 제대로 올바르게 수정될 것이다.

김정은이 용기를 잃지 않도록 단련하고 있다?

아야오리 : 당신은 현재 '김정은 제일서기를 지도하고 있다'고 합니다만, 구체적으로는 영계에서 어떤 말을 들려주고 있습니까?

김일성 영 : 역시 '용기'를 잃어서는 안 되므로 단련을 시키고 정신 차리게 해주는 것이 중요하지.

젊다고 해서 우습게 보면 안 돼. 군사적 재능은 젊으면 젊을수록 발휘하기 쉬우니까. 젊고 용기있고 대담하며 체력이 강하다는 것은 전쟁에는 매우 강한 것이다.

옆 나라는 '60대 할머니'가 대통령이 되었으니까 좋은 기회다. 이것으로 단번에 남조선을 쓰러뜨릴 수 있겠군.

야 나 이 : 용기는 여러 가지 모습으로 나타난다고 생각됩니다만, 이번에 지하 핵실험을 강행하여 세계적으로는 '어리석은 용기가 아닐까?' 라고 말해지고 있습니다. 그것은 소위 만용에 해당한다고 생각됩니다.

김일성 영 : 어째서? 이렇게 함으로써 나라를 완전히 지킬 수 있게 되었잖은가? 핵실험이 세 번이나 성공했고 장거리 탄도탄을 쏠 수 있게 되어 일본 따윈 이미 적이 아닌 상태가 돼버린 셈이다.

'만일의 경우에는 미국과 싸울 각오로 하겠다'라

고 말하면 미국은 아무 것도 못하게 되지. 이미 해
병대 따위도 도움이 되지 않는다.
하여튼 그런 것이다.

'납치는 평화적인 수단이다'라고
정색하는 김일성의 영

김일성 영 : 일본 따위 조그맣단 말이다. 납치한 사람이 몇 명
인지는 모르지만 '돌려 달라, 돌려 달라'라고 하는
데 정말로 이상한 수상(首相)이다.

아야오리 : 일본인의 납치는 원래 김일성 장군이 지시한 것
입니까?

김일성 영 : 응? 저 말이야, 아직 전쟁 중이니까 이런 것을 '책
임이다, 뭐다'라고 이러니저러니 말하는 쪽이 틀
렸다. 전쟁 중이니까 말이지.

아야오리 : 당신이 납치하라는 지시를 한 셈입니까?

김일성 영 : '납치'라는 것은 대단히 평화적인 수단이지. 원래
　　　　　　죽여도 괜찮은 자를 살린 채 데리고 오면 그만큼
　　　　　　음식을 먹여야 한다. 식량까지 주어가면서 살려두
　　　　　　는 것은 보통 일이 아니란 말이지.

아야오리 : 결국 돌아가신 분이 많습니다. 일본 사람의 생명
　　　　　　을 빼앗은 셈입니다.

김일성 영 : 인간은 죽게 되어 있어. 그렇지 않아.

　　　　　　자네 말이지, 납치를 비난하는 건 잘못된 거야. 아
　　　　　　직 전쟁 중이다. 전쟁이 끝나지 않은 것이다. 휴전
　　　　　　했을 뿐이니까 말이지.

김정은은 한국과 일본을 지배하는
광개토대왕을 지향하고 있다

아야오리 : 최종적으로 당신이 이상으로 하는 한반도나 일본
　　　　　　의 모습이란 어떤 것입니까?

김일성 영 : 역시 김정은은 '광개토대왕이 되고 싶다'라고 말하고 있다. 고구려가 최강이었던 시대로 되돌리고 싶은 것이겠지? 그러니까 남조선의 남단까지 지배하고, 게다가 일본에 대해서도 고압적인 태도로 임하여 예종(隷從)시키고 싶다는 마음이랄까.

그런 기분이다. 중국에 대해서도, 좀 더 대등하게 말을 할 수 있는 단계까지 가고 싶구나. 응.

아야오리 : 당신의 의도라고 할까, 악한 목적에 대해 잘 알았습니다.

5 김일성의 영적 본질을 몰래 살핀다

과거세로서 백두산의 흰 용을 자칭

아야오리 : 마지막으로 당신의 환생(전생윤회)에 대해 질문드
렸으면 합니다.

'지금까지의 전생(轉生)에서는 어떤 역할을 해 왔
는가?' 등을 안다면 가르쳐 주십시오.

김일성 영 : 전생……. 전생, 전생……. 전생인가, 전생…….

조금 희미해서 잘 모르겠다는 느낌이 드는구나. 아
주 옛날의 기억이어서인가? 전생. 전생. 전생. 음.

아야오리 : 역시 과거세에도 한반도에서 계셨습니까?

김일성 영 : 옛날의 일이라 잘 모르겠구나…….

아, 알았다, 기억이 났다, 기억이 났어. 이 몸은 용
이었다. 흰 용이었다. 백두산 위의 흰 용으로서 오

랫동안 몇천 년이나 숭배되고 있었던 것이다. 흰
용이 인간으로 태어났지. 원래 신이었다.

아야오리 : 그것이 정말인지 아닌지는 모르겠습니다만…….

북한의 건국의 아버지는 덩샤오핑이나 히틀러와는 격이 다르다?

아야오리 : 당신 이외에도 북한을 이끌고 있는 사람이 계십니까?

김일성 영 : 이끌고 있는 사람?

아야오리 : 예. 예를 들면 '덩샤오핑(鄧小平)과 관계가 있다'라
든지, 혹은 '히틀러와 관계가 있다'라든지, 그런 영
인(靈人)과도 관계가 있습니까?

김일성 영 : 자네, 실례되는 소리는 하는 게 아니다. 히틀러나
덩샤오핑이 얼마나 위대하다고 하는 거냐? 저런
건 '고용된 사장'과 같은 자들이니까 별볼일 없다.
이 몸은 건국의 아버지니까 그들과는 입장이 전혀

다른 것이다.

히틀러조차도 독일을 패전에서 조금 재건했지만 또다시 패전했을 뿐이지 않나? 덩샤오핑이라는 자는 그저 중국이 돈을 벌 수 있게 정책을 조금 바꿨을 뿐이다.

나는 상실된 나라를 다시 한 번 제대로 세운 '건국의 신'이다. 그들과 똑같지 않단 말이다. 격이 달라, 격이.

북한에서는 독자노선의 주체사상이야말로 행복의 원천

야 나 이 : 당신은 현재 젊은 장군인 김정은을 지도하고 있다고 말씀하셨습니다만, 지금 이름이 나온 사람 이외에도 스탈린 등, 예전의 유명한 인물 중에서 북한을 지도하는 분은 안 계십니까?

김일성 영 : 아니, 우리나라는 독립했으니까 그런 다른 나라 사람들한테 지도받는 일은 없지. '독자노선'이 기본적인 정책이다. 독자적으로 살아간다는 것이지. 다시 말하여 '독자적으로 수비하고, 독자적으로 먹고, 독자적으로 정치를 운영해 간다. 타국의 개입은 허용하지 않는다'는 것이 우리의 행복이다. 그것은 일본에 지배되고서 충분히 알았다. '스스로 결정한다'는 것이 행복인 것이다.

그러니까 스스로 결정할 수 있는 '주체사상'이야말로 행복의 원천이다. 이 주체사상에 의해 행복을 얻은 사람을 늘려 가는 것이 중요한 일이다.

야 나 이 : 과연.

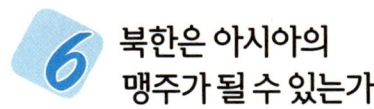

6 북한은 아시아의 맹주가 될 수 있는가

핵실험은 중국의 허가를 받지 않고 하고 있다?

야 나 이 : 말씀을 듣고 있으면 대단히 용감하다고 느껴집니다만, 실제로는 조금 전에도 말씀하신 것처럼 '중국의 지도를 받으면서'인 것이죠?

김일성 영 : 지도가 아니고 원조잖나? 원조다.

야 나 이 : 중국으로부터는 괴뢰적인 형태로 간섭을 받아왔을 것입니다만.

김일성 영 : 괴뢰 따위가 될 생각은 전혀 없다. 이번에 괴뢰가 아니라는 것을 밝혔지 않았나? 중국의 허가 따위는 받지 않고 핵실험을 했으니까 말이다.

야 나 이 : '표면상은'이라는 것이죠?

김일성 영 : 아니, 중국의 시진핑은 삐기고 있지만, 덩치가 커

서 말이지. 본인도 크지만, 나라도 크니까 군부를
전부 장악하지 못한 것이다. 저쪽의 군부는 제법
멋대로 움직이고 있으니까.

우리는 압록강 맞은편의 중국군이 갑자기 무슨 짓
인지 이상한 짓을 하지 않으면 되고, 거기에만 신
경을 써두면 돼. 그러니까 중국 본토 쪽은 너무 걱
정하지 않은 것이다.

김일성이 이끄는 북한의 미래는
아시아의 맹주인가 붕괴인가

아야오리 : 오늘 정말로 당신이 '지옥의 깊은 곳에 있다'는 것
　　　　　이 밝혀졌으므로…….

김일성 영 : 그것을 '지옥'이라고 생각하는 것이 잘못이다.
　　　　　국제연합처럼 '다수파를 형성하고 있다'고 생각하
　　　　　는 자들이 '천국'이라고 말하고 있고, 소수파로 내

몰린 쪽이 '지옥'이라고 말해질 뿐이다. 시대가 뒤집어지면 천국과 지옥은 반대가 되는 것이다.

아야오리 : 아니, 아니, 당신은 지옥에서 점잖게 지내 주시고, 더 이상 북한에 영향을 끼치지 않는 방향으로 생각을 바꾸어 주셨으면 합니다.

김일성 영 : 왜 그래? 내가 북조선의 '신'인데도 왜 영향을 미치지 말라라고 말하는 거냐?

야 나 이 : 당신은 손자가 귀엽겠지만 당신이 지도하고 있으면…….

김일성 영 : 영웅이 될 수 있다. 그는 영웅이 돼.

야 나 이 : 연기의 이법(원인과 결과의 법칙)에서 본다면 아마 북한은 붕괴되어 버린다고 보입니다만.

김일성 영 : 영웅이 돼.

야 나 이 : 잘못된 지도는 하지 않는 쪽이 좋다고 봅니다.

김일성 영 : 아까도 북조선 미래의 예상이라든지 엉터리 같은 소리만 하고 있었지만(본서 제1부) 저런 것을 팔면 자네들 말이지, 사기죄로 체포된다.

　　　　역시 북조선이 지배해야 해. '아시아의 맹주'가 되

는 것은 북조선. 무슨 소릴 하느냐 말이다.

아야오리 : 아니, 그것은 국제정의가 허용하지 않을 터이므로 우리가 그것을 바꾸어 가겠습니다.

김일성 영 : 그 국제정의가 지옥이지. 그것이 지옥. (아야오리 에게) 자네 보도관으로 채용하지 않겠다.

아야오리 : 아, 감사합니다(쓴웃음).

김일성 영 : 뭐?

아야오리 : 부디 그렇게 해주시기를 바랍니다.

야 나 이 : 그런 것은 행복실현당도 용서하지 않습니다. 그렇게 말해 두겠습니다.

김일성 영 : 그 따위 당(黨)은 없다. 이 세상에 존재하지 않는 거다. 유감이구나. 이제 마구 짓밟아 줄 테니까. 자네 아사히(신문)로 돌아가라. 촉탁(嘱託)으로 현관 앞이라도 닦다가 우익단체가 가두연설을 하러 올 때 그들과 맞서는 역할을 맡으면 좋겠다. 그것이 자네의 일이다. 속죄 사상이 중요하다, 속죄가.

야 나 이 : 그처럼 아사히의 좌익적인 분위기도 슬슬 끝내도록 할 터이므로 안심해 주십시오.

굶주린 북한 국민은 정신을 우선시하는 천사같은 인류?

김일성 영 : (야나이에게) 자네는 뭔가 동물을 닮은 얼굴이구나
(회장 웃음). 자네를 그릴로 구워서 먹고 싶어지는
구나. 좀 굶주렸으니까 말이다. 어쩐지 이 몸은 배
가 고파졌다. 점심이 다가온 모양이구나. 조금, 자
네, 그릴의……

야 나 이 : 별로 맛이 없습니다요.

아야오리 : 부디 자신의 모습을 잘 바라보시고 반성해 주셨으
면 하고 바랍니다.

김일성 영 : 아, 그런가? 음, 그러나 이 몸은 괜찮다. 등껍데기를
덮어놨으니까 그리 간단히 잡아먹히지는 않는다.
그러나 자네는 뭔가 맛있을 것 같구나. 음.

아야오리 : (웃음)

김일성 영 : 좋은 느낌이다. 좀 와보지 않겠는가? 북조선에.

아야오리 : 슬슬 자신의 집으로 돌아가 주셨으면 합니다.

김일성 영 : 저기 말이지, 중국과 북조선에서는 인육을 먹는 게

아직 그렇게 나쁜 일이 아니다.

야 나 이 : 자신의 먹을 것에 대해 말하기보다 굶주린 국민을 우선 구하도록 지도해 주십시오.

김일성 영 : 지금 국민은 대단히 정신적으로 강한 존재다. 자네들처럼 정말로 유물론에 물든 나라는 물질적인 것을 우선해서 생각하지만, 우리처럼 정신적으로 '천사같은 인류'는 말이지, 우선은 정신론부터 들어가는 것이다. 역시 '먹을 게 없어도 올바른 삶을 산다'는 것이 중요하지.

아야오리 : '국민을 인간 취급해 주셨으면 한다'고 부탁하고 싶습니다.

김일성 영 : 자네들을 인간 취급해 주었으면 하는 것인가?

아야오리 : 아니, 아니오.

김일성 영 : 국민은 이미 인간 취급을 받고 있다.

아야오리 : 예. 오늘은 고마웠습니다.

김일성 영 : 됐나? 이걸로 됐단 말인가?

아야오리 : 예. 감사합니다.

남침을 위한 지하갱도를 5ㅁㅁ개 파두었다

김일성 영 : 아까의 예언은 틀렸으니까 정정해 두어라.

'북조선이 아시아의 패권을 쥐게 된다. 남조선은
사흘 만에 함락된다.'

이것이 올바른 예언이니까 말이다. 내 예언은 그렇
다. 사흘만 있으면 함락시킬 수 있다.

남조선은 방심하고 있을지도 모르겠구나. 이 몸이
지금 영계에서 지하갱도를 파고 있다고 생각할지
도 모르지만, 지상에도 말이지, 남조선을 공격하기
위한 지하갱도를 잔뜩 파고 있으니까 말이다.

500개 정도의 갱도에서 북조선이 남조선 속으로
단숨에 파고 들어간다. 갑작스럽게 남조선 교외에
나타나 배후에서 도시를 습격할 테니까 막을 수 없
지. '앞(북쪽)에서만 공격해 온다'고 생각하고 있다
면 크게 다칠 것이다. 뒤에서도 공격해 오니까 말
이지.

갱도를 이미 500개 정도 파 놓았다. 아직 그걸 충분
히 모르고 있는 것 같군.

아야오리 : 예. 가르쳐 주셔서 정말로 감사합니다.

야 나 이 : 감사합니다.

김일성 영 : 뭐, 기습에는 주의하게나. 불쌍하구나. '지혜가 없
다'는 것은 어리석은 일이다.

자네들도 확실히 공부해 두어라.

야 나 이 : 귀중한 정보, 고마웠습니다.

김일성 영 : 응. 그럼 그렇게 알고 지내라. 이후 게를 먹지 않도
록. 응.

7 남북한의 평화로운 통합을 바란다

오오카와 류우호오

이런 내용이었습니다.

명쾌한 사람이어서 '훌륭한' 지도를 하는 것 같습니다만, 심해의 게나 동굴의 거미 이미지에 가깝군요. 거미보다 좀 더 흉포한 면이 있습니다.

북한은 불쌍한 나라군요.

이번에 게 요리를 많이 먹으러 가야 하는 걸까요(웃음)? 그러면 심술 궂습니까?

역사문제 등에 관한 '하늘의 심판'은 이미 분명히 나온 것 같습니다. 역사문제로 물고 늘어져서 일본에 트집을 잡고 자기네들의 태만이나 실패를 남의 탓으로 돌리는 셈이네요.

중국에도 아마 같은 태도가 있다고 생각됩니다만 우리가 살아 있는 동안에 시대가 바뀌는 모습이 보일지도 모르겠습니다.

북한이 3대에서 끝나 남북한이 동서 독일처럼 평화리에 통합되기를 바라고 싶습니다.

'38선'을 지키고 있는 북한 병사들이 전부 '만세'를 부르고 무기를 버리고서 저 경계선을 부수고 한국에 합류하면 되는 것입니다. 그것으로 끝입니다. 전쟁을 그만두고 동포와 하나가 되면 되는 것입니다.

그러면 북한은 해외의 협력을 얻을 수 있게 되어 해외에서 물자가 들어가 살아갈 수 있게 되는 것입니다.

북한은 이제부터 점점 국내 사정이 어려워질 터이니 위압적인 태도로 행동하겠지만, 기본적으로는 '내란이 일어나기 쉬운 상태에 가깝다'라고도 느껴집니다.

북한의 군인과 국민도 '미국과 싸워서 이길 수 있다'라고 생각하고 있지는 않을 것입니다. 그 때문에 3대째가 정말로 미국과 싸우는 모습을 보이면 국내에서 죽임을 당할 가능성이 높아질지도 모르겠습니다.

또, 만일 중국이 공식적으로 북한과 결렬하겠다는 말을 꺼낸다면, 이 경우에도 3대째의 목숨이 없어질 가능성이 높지요.

행복의 과학은 열심히 분발해서 국제여론을 만들어 가지 않으면 안 됩니다.

오늘의 영언을 읽으면 아사히신문 사람들은 또 부들부들 떨게 될 것입니다.

야나이

그렇게 느껴집니다.

오오카와 류우호오

불쌍하게도.

야나이

그렇게 생각합니다.

오오카와 류우호오

다만 내부적으로는 '자네(야나이)만이 이상해졌다'라고 말하고 싶겠지요.

야나이

아사히신문 사람들은 지금 차츰 '자기네들 쪽이 이상한 것일까?'라는 생각이 들기 시작하고 있습니다.

오오카와 류우호오

'저쪽(북한)과 지하에서 이어져 있을 지도 모른다'라고 생

각하고 있지요. '조선일보를 대신한다'는 말을 들었기 때문에
좋지 않겠지요.

　열심히 합시다.

　이상입니다.

　아야오리 및 야나이

　감사합니다.

| 후 기 |

　진정한 선악이란 무엇인가, 옳고 그름은 무엇인가를 밝히기 위해 북한의 초대 주석인 김일성이 지옥계에서 지내는 모습도 묘사해 보았다.

　'항일과 반일이 곧 정의'라는 생각은 북한에게도 한국에게도 중국에게도 지구적 정의로서는 인정받지 못한다.

　중국의 반일 폭동으로 '소일본(小日本)'이라는 말을 쓴 플래카드로 모욕을 당한 일본에는 지금 진정한 구세주가 태어나 있다. 그 이유는, 일본이 세계를 비추는 빛으로 살아남아야 하기 때문이다.

　천박하고 보기 흉한 종교성악설(宗敎性惡說)로 '진리'를 보는 눈을 흐리게 해서는 안 된다. 우리에게는 맡겨진 미래가 있다. 우선 앞으로 십 년 동안에 동아시아의 냉전을 끝내어, 북한과 중국을 전부 착실하고 이성적인 논의를 할 수 있는 자유로운 나라로 바꾸어 가고 싶다고 바라고 있다.

2013년 2월 15일

행복의 과학 그룹 창시자 겸 총재

오오카와 류우호오

≪북한과의 충돌을 예견한다≫

오오카와 류우호오 저작 관련서적

≪영원의 법≫ (행복의 과학 출판 간행)

≪에드거 케이시의 미래 리딩≫ (행복의 과학 출판 간행)

≪이슬람 과격파에게 정의는 있는가≫ (행복의 과학 출판 간행)

≪종교 결단의 시대≫ (행복의 과학 출판 간행)

≪김정일 수호령의 영언≫ (행복의 과학 출판 간행)

≪행복실현당에게 말씀 드린다≫ (행복실현당 간행)

≪북한 – 종말의 시작≫ (행복실현당 간행)

≪원자바오 수호령이 말하는 대중화제국의 야망≫
- 동시 수록 김정은 수호령 인터뷰 - (행복실현당 간행)

북한과의 충돌을 예견한다

2013년 5월 15일 제1판 1쇄 발행

지은이 / 오오카와 류우호오
펴낸이 / 강선희
펴낸곳 / 가림출판사

등록 / 1992. 10. 6. 제 4-191호
주소 / 서울시 광진구 중곡2동 161-27 경남빌딩 5층
대표전화 / 02)458-6451 팩스 / 02)458-6450
홈페이지 / www.galim.co.kr
전자우편 / galim@galim.co.kr

값 8,000원

ⓒ 오오카와 류우호오, 2013

저자와의 협의하에 인지를 생략합니다.

ISBN 978-89-7895-373 3 03340

가림출판사 · 가림 M&B · 가림 Let's의 홈페이지(http://www.galim.co.kr)에 들어
오시면 가림출판사 · 가림 M&B · 가림 Let's의 신간도서 및 출간 예정 도서를 포
함한 모든 책들을 만나실 수 있습니다.
온라인 서점들의 사이트에 링크하시어 종합 신간 안내 및 각종 도서 정보, 책과
관련된 문화 정보를 받아보실 수 있습니다.
또한 홈페이지 방문시 회원으로 가입하시면 신간 안내 자료를 보내드립니다.